ESTE LIVRO PERTENCE A:

Direção Executiva: Sinval Filho
Coordenação Editorial: Luciana Leite
Textos: Carl Laferton
Ilustrações: Jennifer Davison

Revisão: Rafaella Canquerino Ribeiro
Tradução: Luiz Gustavo Campos
Diagramação: Jônatas C Jacob

LION EDITORA
+55 (11) 4379-1226 | 4379-1246 | 98747-0121
Rua Dionísio de Camargo, 106, Centro
Osasco - SP - CEP 06086-100

 @lioneditora   @lioneditora   @lioneditora

www.lioneditora.com.br

Lion Editora e The Good Book Company © 2024
Todos os direitos reservados à Lion Editora e à The Good Book Company e protegidos pela Lei n. 9.610, de 19/02/1998. É expressamente proibido a reprodução total ou parcial deste livro, por quaisquer meios eletrônicos, mecânicos, fotográficos, gravação e outros, sem prévia autorização por escrito da editora. Este livro é uma publicação independente, cujas citações a quaisquer marcas ou personagens são utilizados com a finalidade de estudo, crítica, paráfrase e informação.

Dados Internacionais de Catalogação na Publicação (CIP)
(eDOC BRASIL, Belo Horizonte/MG)

L162b Laferton, Carl.
A Bíblia das promessas / Carl Laferton; ilustrações Jennifer Davison; tradução Luiz Gustavo Campos. – Osasco, SP: Lion, 2024.
416 p. : il. ; 17 x 20 cm

Título original: God's Big Promises Bible Storybook
ISBN 978-65-87533-82-7

1. Deus (Cristianismo) – Promessas – Literatura infantojuvenil. 2. Crianças cristãs – Orações e devoções. I. Davison, Jennifer. II. Campos, Luiz Gustavo. III. Título.
CDD 242.62

Elaborado por Maurício Amormino Júnior – CRB6/2422

Publicado pela primeira vez em inglês como *God's Big Promises Bible Storybook*
© The Good Book Company 2023 – www.thegoodbook.co.uk

COLEÇÃO
As Grandes Promessas de Deus

A BÍBLIA DAS PROMESSAS

Escrito por
Carl Laferton

Ilustrado por
Jennifer Davison

LION

Para Benjamin e Abigail.

Obrigado por me lembrarem, diariamente, que Deus sempre cumpre suas promessas

C.L.

Para minha mãe e pai, que refletem o amor de Deus de uma maneira linda e moldaram um lar cheio de criatividade e fé.

J.D.

SUMÁRIO

Antigo Testamento

1. No Início	16
2. No Jardim	21
3. A Serpente e a Árvore	25
4. Fora do Jardim	29
5. Noé constrói uma Arca	33
6. O Primeiro Arco-íris	39
7. A Torre Alta	42
8. A Promessa de Deus para Abrão	46
9. Estrelas no céu	50
10. Um Bebê, finalmente	53
11. A trapaça de Jacó	58
12. O Sonho especial de Jacó	63
13. José em apuros	67
14. José e o Rei do Egito	72
15. José encontra seus irmãos	77
16. Um Bebê no Rio	81
17. Moisés e a Sarça Ardente	85
18. Deixe meu povo ir!	89
19. O Resgate do Egito	94
20. Um caminho pelo Mar	98

21. Mandamentos de Deus   103
22. A Tenda de Deus   107
23. Criando um falso deus   111
24. Josué, Calebe e os Espias   115
25. Moisés vê a Terra   119
26. Raabe e os Espias   122
27. As Muralhas de Jericó   126
28. Josué diz adeus   131
29. Débora, Baraque e a Grande Batalha   134
30. Sansão salva os Israelitas 138
31. Rute encontra uma família   143
32. O filho especial de Ana   148
33. Nós queremos um Rei!   153
34. Deus escolhe um Rei   157
35. Davi e Golias   161
36. Um Rei para sempre   167
37. Rei Salomão   171
38. As coisas dão muito errado 175
39. Elias e o Fogo   179
40. Um Rei está vindo   184
41. Jonas e o Grande Peixe   188
42. Fora da terra   196

43. Daniel na cova dos leões   200
44. Ester, a Rainha Corajosa   207
45. De volta para a Terra   211

Novo Testamento
46. Um Anjo visita Maria   217
47. O Anjo fala com José   220
48. Canção de Agradecimento de Maria 224
49. Jesus Nasceu   227
50. Simeão e Ana conhecem Jesus   233
51. Chegam os Sábios   236
52. Jesus escapa   239
53. O Batismo de Jesus   243
54. Jesus no deserto   247
55. Jesus Escolhe Seus Amigos   251
56. Levante-se!   255
57. Um morto volta a viver   260
58. A pergunta de João Batista   264
59. Jesus e a Tempestade   268
60. Saiam dele!   273
61. Jesus ressuscita uma menina morta 277
62. Tesouro enterrado   282

63. Jesus alimenta a multidão — 285
64. Quem vocês dizem que Eu Sou? — 289
65. Jesus no Monte — 293
66. O Bom Samaritano — 297
67. Jesus ensina seus amigos a orar — 302
68. O Bom Pastor — 305
69. A vida depois desta — 309
70. O Líder Religioso e o Cobrador de Impostos — 313
71. Jesus e as Criancinhas — 317
72. Zaqueu recebe Jesus — 321
73. O Rei no Jumentinho — 326
74. Jesus no templo — 330
75. Uma nova refeição especial — 334
76. Orando em um jardim — 338
77. O Rei e o Ladrão — 341
78. Jesus está vivo! — 346
79. O Estranho Desconhecido — 350
80. Tomé muda de ideia — 354
81. Jesus vai para o Céu — 358
82. O Espírito Santo chega — 361
83. A Primeira Igreja — 365

84. Filipe e o Etíope	368
85. O caminho para Damasco	373
86. Aquele que Cumpre as Promessas de Deus	377
87. Os amigos de Jesus em Filipos	381
88. Paulo em Jerusalém e Roma	386
89. As Cartas de Paulo	391
90. Mais cartas	396
91. Como é o Céu	400
92. Eu estou chegando em breve	404

GRANDES PROMESSAS

A Bíblia é um livro grande! Há muitas, muitas e **MUITAS** histórias dentro dele e todas são verdadeiras! Mas a Bíblia também é **UMA GRANDE HISTÓRIA VERDADEIRA**. É a história de como Deus fez e cumpriu promessas **INCRÍVEIS**. Fique de olho nas pistas das páginas e veja como Deus faz e cumpre todas as suas promessas!

	Deus **FAZ** a promessa	Deus **CUMPRE** a promessa
Deus **RESGATA** o seu povo		
A promessa do **POVO** de Deus		
A promessa da **TERRA**		
Deus promete **ALEGRIA** para os seus		
A promessa de um **REINADO** para o povo		

CAMINHO DAS PROMESSAS

Você sabia que Deus cumpriu tudo o que prometeu? Para entender o caminho completo dos acontecimentos que demonstram isso na Bíblia, siga as trilhas de cada tema abaixo. Lembre-se: cada número corresponde a um capítulo da Bíblia das Promessas. Cada capítulo, uma incrível história da Palavra de Deus! E, em cada tema, histórias que se conectam e demonstram o cumprimento daquilo que Ele prometeu!

A promessa de **REDENÇÃO**

2–3–4–5–6–8–9–16–17–19–20–30–35–40–42–45

47–49–58–64–68–75–77–78–79–84–87–91–92

A promessa de um **POVO**

2–8–9–10–11–12–13–14–15–19–21–28–40–45–49

55–58–75–77–78–79–80–81–82–83–87–88–89–91–92

A promessa de uma **TERRA**

2–8–9–11–12–13–14–15–17–19–21–24–25–26–28

40–42–45–49–58–62–75–77–78–79–81–86–91–92

A promessa de viver em **ALEGRIA**

2–3–5–6–8–11–12–28–40–42–45–46–48–49–50–57

58–64–71–75–77–78–79–80–81–82–85–86–91–92

A promessa de um **REINADO**

8–9–10–33–34–35–36–37–38–40–42–45–46–49–51

58–62–64–65–73–75–77–78–79–81–82–84–87–91–92

A GRANDE HISTÓRIA DAS PROMESSAS EM 20 CAPÍTULOS

1–3–4–8–17–19–21–28–36–40–49–61–64–77–78–81–82–83–91–92

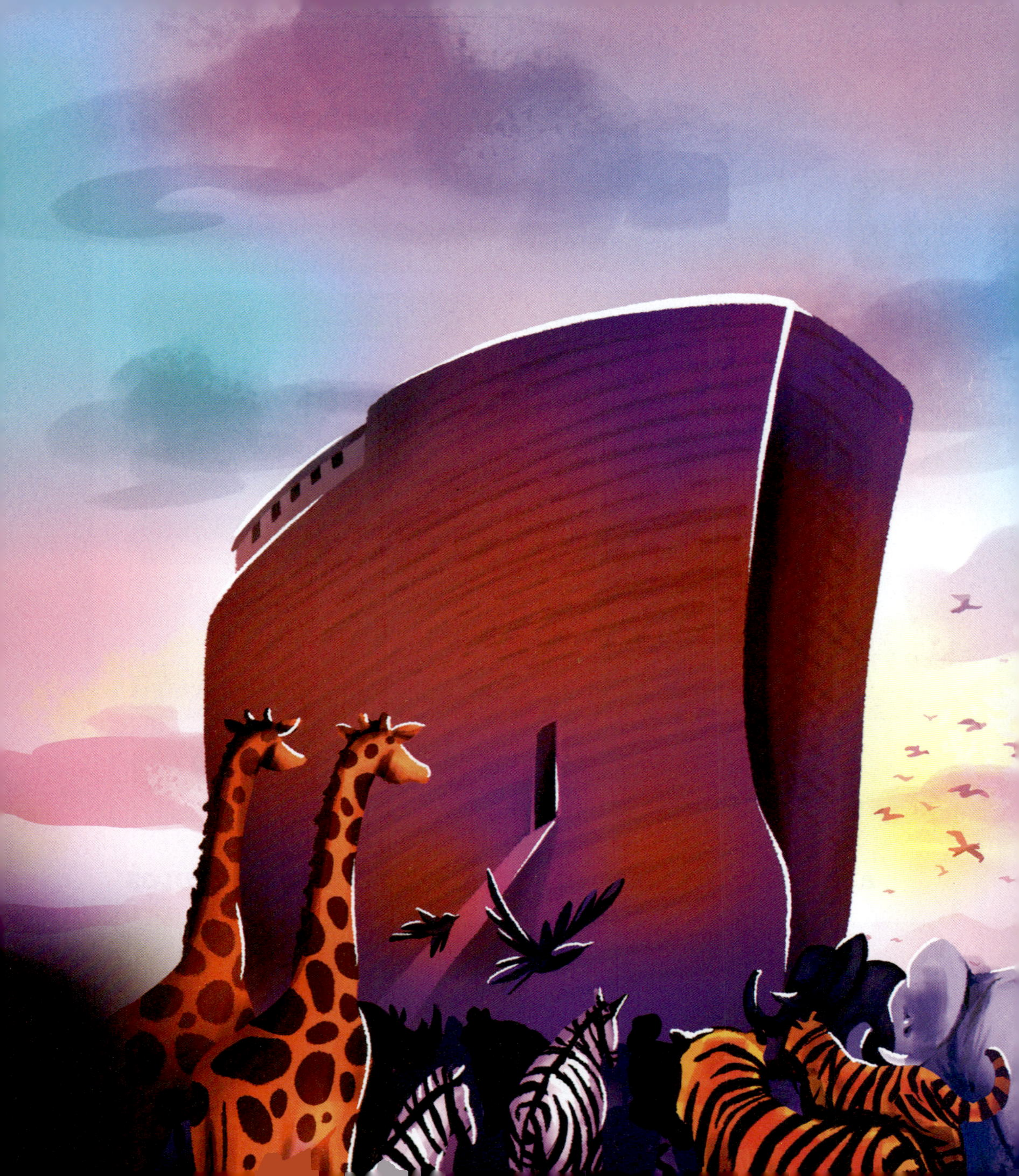

AS GRANDES PROMESSAS DE DEUS

O Antigo Testamento

1. No Início
Gênesis 1

No início, antes de existir qualquer outra coisa, havia Deus.

Então, do nada, Deus fez tudo.

Deus falou... e houve luz.

Deus falou... E houve céu, terra, mar, plantas, sol e lua.

Deus falou… E o mar ficou cheio de peixes.
Ele falou, e o céu ficou cheio de pássaros.

Ele falou, e a terra ficou cheia de todas as espécies de animais incríveis.

Tudo o que Deus tinha feito era bom.

Então Ele fez a melhor de todas as coisas.

Deus criou um homem e uma mulher, chamados Adão e Eva.

Eles podiam conversar com Deus e ser amigos de Deus.

Deus deu a eles uma missão: começar uma família que encheria a terra e cuidar do mundo conforme os bons princípios de Deus.

Deus olhou para tudo que tinha feito, e tudo era muito bom.

2. No Jardim
Gênesis 2

Quando Deus criou Adão, deu a ele um jardim maravilhoso para viver e cuidar. O jardim estava cheio de lindas árvores com muitas frutas saborosas.

No meio do jardim havia duas árvores especiais.

As pessoas poderiam comer da Árvore Especial Número 1 se quisessem continuar vivas. Qualquer um poderia comer da árvore todos os dias e nunca morrer.

As pessoas poderiam comer da Árvore Especial Número 2 se quisessem estar no comando. Qualquer um poderia comer da árvore para mostrar que deveria fazer as regras.

Deus deu a Adão duas promessas. A primeira foi "Você é livre para comer de qualquer árvore, incluindo a Árvore Especial Número 1. Assim, você vai aproveitar a vida para sempre".

A segunda foi "Você não deve comer da Árvore Especial Número Dois, porque você não está no comando. Se você fizer isso, não poderá aproveitar o meu jardim para sempre. Em vez disso, você morrerá".

O jardim de Deus era um lugar maravilhoso para viver. Havia apenas um problema. Adão estava sozinho. Ele precisava de alguém como ele para ajudá-lo.

Então Deus fez uma mulher, Eva. Adão ficou muito, muito feliz em conhecê-la! A vida juntos no jardim de Deus era perfeita.

3. A serpente e a Árvore

Gênesis 3:1-7

Havia uma serpente esperta no jardim de Deus. Ela não gostava de Deus e não queria viver sob os bons princípios dele.

Então a serpente inteligente fez uma pergunta esperta para Eva: "Será que Deus *realmente* falou que você não pode comer das árvores do jardim?"

"Não! Só tem uma árvore que Deus falou para a gente não comer", respondeu Eva. "Ele prometeu que se comermos o fruto daquela árvore, nós vamos morrer".

"Você não vai morrer se comer daquela árvore!" disse a serpente. "Não - você será igual a Deus. Você vai estar no comando! Você vai poder fazer suas próprias regras".

Eva gostou muito do que ouviu, e gostou da aparência do fruto. Então ela comeu um pouco do fruto da árvore que Deus tinha dito para ela não comer, e deu um pedaço para Adão, e ele comeu também.

Mas quando Adão e Eva se olharam, não se sentiram felizes como eram antes. Eles não se amavam mais do mesmo jeito que se amavam antes.

A vida juntos no jardim de Deus de repente não era mais tão perfeita.

4. Fora do Jardim

Gênesis 3:8-24

Deus veio ao seu jardim para encontrar Adão e Eva.

Eles sabiam que tinham comido da árvore que Deus tinha dito para não comer. Eles sabiam que Deus tinha prometido que se fizessem isso, morreriam. Eles ficaram com medo, então se esconderam.

Mas Deus chamou por eles e eles tiveram que parar de se esconder.

"Vocês comeram da árvore que eu disse para não comer?" Deus perguntou.

Adão culpou Eva, mesmo que ele tivesse escolhido comer o fruto também.

Eva culpou a serpente, mesmo que ela tivesse escolhido comer o fruto.

Então Deus cumpriu a sua promessa. Ele disse a Eva e Adão que ter uma família e cultivar alimentos seriam tarefas difíceis e dolorosas agora. E o pior, eles não poderiam mais aproveitar a vida com Deus em seu jardim para sempre. Um dia, eles morreriam.

Mas Deus fez uma outra grande promessa. Um dia, alguém da família de Eva iria se livrar da serpente e consertar tudo.

Deus enviou Adão e Eva para fora do jardim. Colocou Anjos com espadas de fogo para guardar o local. Ninguém mais poderia viver com Deus lá - Até que a sua grande promessa se cumprisse.

5. Noé constrói uma Arca

Gênesis 6:1 – 7:23

Depois que Adão e Eva saíram do maravilhoso jardim de Deus, eles tiveram filhos. Essas crianças cresceram e tiveram filhos, e esses filhos cresceram e tiveram filhos, começando a encher o mundo.

Mas a vida fora do jardim de Deus não era feliz. As pessoas não se amavam. As pessoas não amavam a Deus e também não viviam para sempre.

Deus viu que as pessoas não queriam viver com Ele no comando e ficou muito triste por ter criado elas.

Noé era diferente. Ele amava a Deus e queria viver com Ele e debaixo dos seus princípios. Deus fez uma promessa a ele:

"Eu vou começar tudo de novo. Vou mandar um dilúvio que vai cobrir a terra. Então, construa uma arca bem grande e leve sua família e alguns animais para dentro. Eu vou manter vocês seguros durante o dilúvio".

Noé acreditou na promessa de Deus e fez o que Ele disse. Ele construiu um enorme barco, exatamente como Deus tinha falado. Ele colocou um casal de cada animal no barco e então, entrou com sua família.

Logo a chuva começou a cair. E cair. E cair. Choveu por quarenta dias e quarenta noites. Cobriu tudo: toda a terra... todos os animais... todas as pessoas. A Arca de Noé foi a única coisa que sobrou.

Dentro da arca, Noé, sua família e os animais estavam secos, vivos e seguros.

6. O Primeiro Arco-íris
Gênesis 7:24 – 9:17

Quando Deus inundou o mundo, tudo ficou embaixo d'água por meses e meses.

Mas Deus não havia se esquecido da promessa que fez para Noé, de manter ele seguro. Então Deus fez as águas baixarem até que a enorme arca de Noé parasse de flutuar e pudesse ficar em terra firme.

Noé e sua família estavam na arca há mais de um ano. E finalmente, Deus falou para eles saírem da arca. Todos os animais saíram também.

Deus fez uma nova promessa para Noé e sua família:

"Eu nunca mais destruirei o mundo dessa maneira. Agora encham o mundo com sua família e cuidem dele".

Para lembrar a todas as pessoas da sua promessa, Deus colocou um arco-íris no céu. Sempre que alguém via o arco-íris, poderia lembrar do que Deus prometeu.

7. A Torre Alta
Gênesis 11:1-9

Havia cada vez mais pessoas e todas falavam a mesma língua. Deus tinha falado para eles encherem o mundo inteiro, mas eles decidiram não fazer isso. Em vez disso, eles planejaram construir uma grande cidade para viverem.

Então construíram muitas casas e começaram a construir uma torre enorme. "Nós vamos ser famosos!" eles falavam uns para os outros. "As pessoas vão ficar maravilhadas com as coisas incríveis que podemos fazer!"

Deus viu a cidade e a torre. Ele queria que as pessoas enchessem todo o mundo e não ficassem trabalhando juntas para desobedecer a Ele. Então Deus fez com que eles parassem de falar uma única língua. De repente, eles começaram a falar várias línguas diferentes e não conseguiam mais se entender.

Agora, eles não poderiam mais trabalhar juntos na construção da torre ou na cidade. Então, as pessoas se mudaram para viver em lugares diferentes. Deus garantiu que o mundo todo fosse cheio de pessoas - assim como Ele tinha planejado.

8. A promessa de Deus para Abrão

Gênesis 12:1-7

Um casal chamado Abrão e Sarai morava em uma terra chamada Ur. Eles eram TÃO VELHOS que a maioria das pessoas da idade deles já eram avós - mas Abrão e Sarai não eram nem pais. Eles não puderam ter filhos para ajudar a encher o mundo e cuidar dele.

Um dia, Deus disse a Abrão: "Deixe a sua casa e as pessoas que você conhece. Vá morar na terra que eu vou te mostrar".

Então, Deus fez uma promessa a Abrão:

"Eu vou te dar uma família gigantesca. Vou surpreender as pessoas com as coisas maravilhosas que eu farei por você. Eu vou cuidar de você!"

"Eu vou te abençoar - você vai viver debaixo dos meus princípios e vai ser muito feliz aqui".

"E eu vou usar a sua família para abençoar todas as pessoas que vivem no mundo".

Abrão acreditou na promessa de Deus e fez tudo o que Ele disse. Deixou sua casa, exatamente como Deus tinha falado.

Quando Abrão e Sarai chegaram em uma terra chamada Canaã, Deus fez outra promessa:

"Eu vou dar essa terra para sua família. Eles vão viver aqui".

9. Estrelas no Céu

Gênesis 15:1-21

Abrão e Sarai moravam em Canaã. Agora eles eram ainda mais velhos - e ainda não tinham filhos.

Abrão disse a Deus: "Você me prometeu uma família enorme que viveria nessa terra. Mas como sua promessa vai se tornar realidade se eu não tenho filhos? É impossível".

"Saia da sua tenda!" Deus respondeu, "Olhe para cima. Tente contar as estrelas. São muitas para contar não é mesmo?"

Então Deus fez outra promessa a Abrão:

"Sua família será TÃO NUMEROSA que será tão difícil de contar quanto as estrelas do céu".

Abrão acreditou na promessa impossível de Deus. Então Deus o chamou de amigo.

Naquela noite, Deus apareceu como um fogo ardente. Isso foi a maneira dele de fazer uma promessa inquebrável a Abrão:

"Sua família será enorme" disse Deus. "Por um longo tempo, sua família vai morar em outro lugar. Eles terão muitos problemas por lá e não serão um povo livre. Mas eu vou resgatar todos e eles vão viver nesta terra".

10. Um bebê, finalmente

Gênesis 17 - 18; 21:1-7

Abrão tinha quase cem anos e ele e Sarai ainda não tinham filhos! Mas Deus lembrou a Abrão que ele tinha prometido uma família. E fez uma nova promessa:

"As pessoas da sua família serão reis".

Deus deu a eles novos nomes: Abraão, que significa "pai de muitos", e Sara, que significa "princesa".

Então, um dia, três homens visitaram Abraão e Sara. Eles eram mensageiros de Deus - mas Abraão e Sara não sabiam disso.

Um dos visitantes fez uma promessa:

"Nesta mesma época, no ano que vem, Sara terá um bebê menino".

Quando ela ouviu isso, Sara riu, porque ela não acreditou nele. "Eu sou muito velha para ter um bebê!" ela pensou.

Alguns meses depois, Sara engravidou. Um tempo depois, ela teve um menino. Ela e Abraão eram pais finalmente! Agora Sara riu de felicidade. Deus cumpriu sua promessa impossível! Eles chamaram o bebê de Isaque, que significa "ele ri".

Isaque cresceu e casou com Rebeca. Eles tiveram dois filhos: Esaú e Jacó.

A família de Abraão e Sara estava finalmente crescendo.

11. A trapaça de Jacó

Gênesis 25:27-34; 27:1-45

Esaú e Jacó eram filhos gêmeos de Isaque e Rebeca. Esaú nasceu primeiro e Jacó veio logo depois.

Naquela época, um pai dava tudo o que tinha para o seu filho mais velho. Então, todos esperavam que Esaú recebesse as promessas de Deus de uma família enorme, uma terra para morar e a bênção de Deus.

Mas antes dos gêmeos nascerem, Deus disse a Rebeca que suas promessas seriam dadas a Jacó, mesmo ele sendo mais novo.

Quando eles cresceram, Esaú era muito mais peludo e gostava de caçar. Jacó quase não tinha pelos e gostava de cozinhar.

Um dia, Esaú voltou da caça com muita fome e viu Jacó cozinhando um ensopado. "Dê um pouco dessa comida pra mim", ele exigiu.

"Eu deixo você comer a minha comida se você deixar que eu receba as promessas de Deus", disse Jacó. Esaú concordou.

Quando Isaque ficou muito velho, seus olhos pararam de funcionar. Então Jacó usou um truque para conseguir as promessas. Jacó se vestiu com as roupas de seu irmão e colocou pele de cabra em suas mãos para parecer muito peludo. Quando Isaque sentiu as mãos de Jacó e cheirou suas roupas, ele pensou que era Esaú. Então ele disse a Jacó, "Estou dando as promessas de Deus a você".

Quando Esaú descobriu o que Jacó tinha feito, ele ficou furioso! Jacó teve que fugir de casa. Mas ele levou junto as promessas de Deus - exatamente como Deus tinha dito que aconteceria, antes de ele nascer.

12. O Sonho especial de Jacó

Gênesis 28:10-17; 32:28

Enquanto Jacó corria para longe, muito longe do seu irmão Esaú que estava furioso, ele parou em uma parte da terra de Canaã para dormir.

Deus deu a Jacó um sonho especial. Ele viu uma escada. A parte de baixo da escada era na Terra e o topo da escada se estendia, subindo, subindo, até o céu. Subindo e descendo a escada estavam anjos! E de pé no topo da escada estava... Deus! E Deus disse...

"Vou dar essa terra para sua família. Será tão difícil contar o número de pessoas da sua família quanto é contar todas os grãos de poeira do mundo. Eu vou usar a sua família para abençoar as pessoas que vivem no mundo todo - elas viverão debaixo dos meus princípios e serão muito felizes aqui. Eu vou cuidar de você".

Jacó achou difícil lembrar das promessas de Deus e obedecer a Ele. Então Deus deu para ele um apelido, "Israel", que significa "luta com Deus". Mas Deus cumpriu suas promessas. Depois de muitos anos, Jacó retornou para viver na terra onde tinha sonhado com a escada.

13. José em apuros

Gênesis 37; 39; 50:20

Jacó tinha uma grande família. Ele teve doze filhos. Primeiro teve Rúben, Simeão e Levi. Depois vieram Judá, Issacar e Zebulom, e Dã, Naftali, Gade e Aser. Depois deles, vieram os filhos que Ele mais amava: José e Benjamim.

Como Jacó amava mais a José que a seus irmãos, ele deu para ele uma túnica especial. Os irmãos de José não gostaram nada disso e começaram a não gostar de José.

José teve alguns sonhos que mostravam que um dia seus irmãos se curvariam diante dele como o seu governante. Quando ele contou sobre os sonhos para seus irmãos, eles realmente não gostaram de José e fizeram um plano.

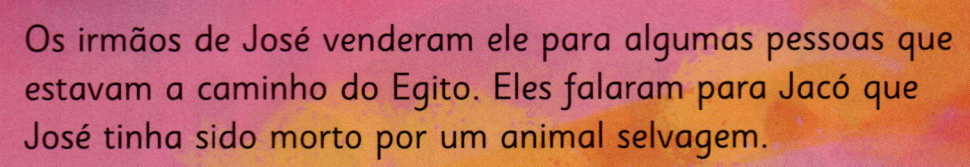

Os irmãos de José venderam ele para algumas pessoas que estavam a caminho do Egito. Eles falaram para Jacó que José tinha sido morto por um animal selvagem.

José se tornou escravo. Ele tinha que trabalhar para outra pessoa e não era livre para tomar suas próprias decisões. Mas ele sabia que Deus estava com ele e Deus o ajudou a trabalhar duro.

Depois tudo piorou. José foi colocado na prisão. Mas mesmo preso, José sabia que Deus estava cuidando dele. Ele sabia que Deus tinha um plano.

14. José e o Rei do Egito
Gênesis 40:1 - 41:43

José estava preso no Egito. Na prisão havia um homem que tinha o trabalho de escolher as bebidas do rei para ele. Esse homem teve um sonho especial. José explicou o sonho para ele: "Você será libertado da prisão e vai voltar a trabalhar".

E foi exatamente o que aconteceu.

Dois anos depois, o rei teve alguns sonhos estranhos - então o escolhedor de bebidas contou a ele sobre José.

O Rei pediu para buscarem José. "Você pode me dizer o que meus sonhos significam?" Ele perguntou.

"Deus vai me dar a resposta". José respondeu.

"Sonhei com sete vacas gordas e sete vacas magras", disse o rei. "As vacas magras comeram as gordas!"

"Depois eu sonhei com sete espigas de trigo saudáveis e sete espigas finas e sem nada. E as espigas finas engoliram as saudáveis".

José explicou: "Este foi o modo de Deus mostrar o futuro para você. Haverá sete anos em que a quantidade de alimentos vai crescer - e depois, sete anos em que nenhum alimento vai crescer".

"Você vai precisar guardar muita comida durante esses sete primeiros anos", José disse ao rei, "para que as pessoas tenham comida durante os sete anos seguintes".

O rei ficou maravilhado "Deus mostrou tudo isso para você", ele disse. "Então estou colocando você no comando de todo o Egito".

José começou seu dia na prisão. Agora ele estava governando um país inteiro!

15. José encontra seus irmãos
Gênesis 42 - 46

José estava no comando do Egito. Ele guardou comida por sete anos, para que, quando não tivesse mais comida crescendo nos sete anos seguintes, as pessoas do Egito ainda tivessem o suficiente para comer.

Jacó e seus filhos moravam em Canaã. Eles eram os irmãos de José, que o venderam como escravo anos antes. Não tinha comida crescendo em Canaã também, então, não tinha nada para comer. Então, os filhos de Jacó foram até o Egito para pedir comida.

No Egito, os irmãos se encontraram com José - mas não sabiam que era ele! Eles se curvaram diante dele e pediram por comida.

José queria saber se seus irmãos tinham mudado desde que tinham sido maus com ele. Então ele escondeu sua taça preciosa no saco de seu irmão Benjamim.

José, então, disse: "Benjamim roubou esta taça! Agora ele terá que ser meu escravo".

O que os irmãos iriam fazer?

Um deles, Judá, deu um passo à frente e disse: "Por favor, deixe que Benjamim vá embora em liberdade. Eu serei seu escravo no lugar dele".

Agora José sabia que seus irmãos tinham mudado. "Sou eu!" ele disse. "Eu sou seu irmão José!" E ele explicou que Deus tinha usado tudo o que aconteceu para cumprir sua promessa de cuidar da família de Jacó.

Jacó e seus filhos foram morar no Egito. A família de Jacó cresceu e cresceu, até que ficou muito difícil de contar quantas pessoas eram.

16. Um Bebê no Rio

Êxodo 1:1 - 2:10

Um novo rei, ou Faraó, estava no comando do Egito. Jacó e José já tinham morrido, e este Faraó não gostava da família deles, que eram chamados de Israelitas.

Então Faraó os escravizou. Por toda a vida deles, eles tiveram que trabalhar para ele. Não havia folgas. Não podiam sair do Egito. Eles não eram livres.

E então, porque Faraó *realmente* não gostava dos Israelitas, ele decidiu que todo bebê menino Israelitas seria morto. O povo de Deus estava em grande perigo.

Uma mãe Israelita decidiu esconder o seu filho bebê. Ela colocou o menino em uma cesta e o escondeu na beira do grande Rio Nilo.

A filha do Faraó foi nadar no rio Nilo e encontrou o menino na cesta! Ela decidiu ficar com ele e cuidar dele. Ela o chamou de Moisés.

Então, Moisés, o Israelita, estava seguro. Ele cresceu como parte da família de Faraó.

17. Moisés e a Sarça Ardente
Êxodo 2:11 - 3:17

Moisés, o Israelita, cresceu no palácio de Faraó, mas quando ficou mais velho, escolheu o lado dos Israelitas, não dos egípcios. Faraó ficou tão bravo que Moisés precisou fugir e viver em um país diferente.

Um dia, Moisés viu uma sarça que estava pegando fogo, mas não queimava. Ele chegou mais perto para olhar - E uma voz falou!

"Eu sou o Deus de seus tataravôs, Abraão, Isaque e Jacó", disse a voz.

"Eu vi que os Israelitas são escravos no Egito.

Eu vou resgatar a todos.

Eu vou mostrar para o Faraó que Eu sou muito mais poderoso do que ele.

Eu vou levá-los para a terra que prometi a Abraão, Isaque e Jacó e vou dar para as suas famílias.

E Moisés, Eu vou usar você para fazer tudo isso".

Moisés não tinha tanta certeza que isso era possível. Mas Deus lembrou Moisés que ele era o Deus que nunca mudava e que poderia cumprir promessas impossíveis.

Moisés acreditou na promessa impossível de Deus e fez como Deus disse. Ele voltou ao Egito para falar para Faraó para deixar o povo ir.

18. Deixe meu povo ir!
Êxodo 5:1-14; 7:14 - 10:29

Moisés, o Israelita, foi ver Faraó, exatamente como Deus tinha falado para ele.

"Deus diz: 'Deixe meu povo ir embora!'"

E Faraó respondeu: "Não!"

Os Israelitas ainda eram escravos. Então Deus mostrou a Faraó quem era o mais poderoso.

Primeiro, Deus transformou a água do rio Nilo em sangue.

Segundo Deus encheu toda a terra do Egito com rãs.

Terceiro, Deus enviou piolhos.

Quarto, Deus enviou enxames de moscas que cobriam tudo e todos, menos onde os Israelitas moravam.

Quinto, Deus fez com que todos os animais dos egípcios morressem.

Sexto, Deus fez crescer caroços e feridas horríveis e bem dolorosas na pele dos egípcios.

Sétimo, Deus enviou uma enorme tempestade de pedra em todo o Egito, menos onde os Israelitas moravam.

Oitavo, Deus enviou milhões e milhões de gafanhotos, que comeram todas as plantas.

Nono, Deus fez ficar completamente escuro por três dias, menos onde os Israelitas moravam.

Tudo estava arruinado.

Moisés foi ver o Faraó de novo.

"Deus diz: 'Deixe meu povo ir!'"

E Faraó respondeu: "Não!"

Os Israelitas ainda eram escravos. Mas Deus ainda não tinha terminado. Ele tinha uma última maneira de mostrar que Ele era muito mais poderoso que o Faraó.

19. O Resgate do Egito

Êxodo 12 - 13

Era hora de Deus resgatar seu povo de serem escravos de Faraó no Egito.

Ele deu a eles estas instruções: "Comam um cordeiro no jantar. Mas antes de comer, passem o sangue do cordeiro nas suas portas da frente. Então, se preparem para sair do Egito imediatamente".

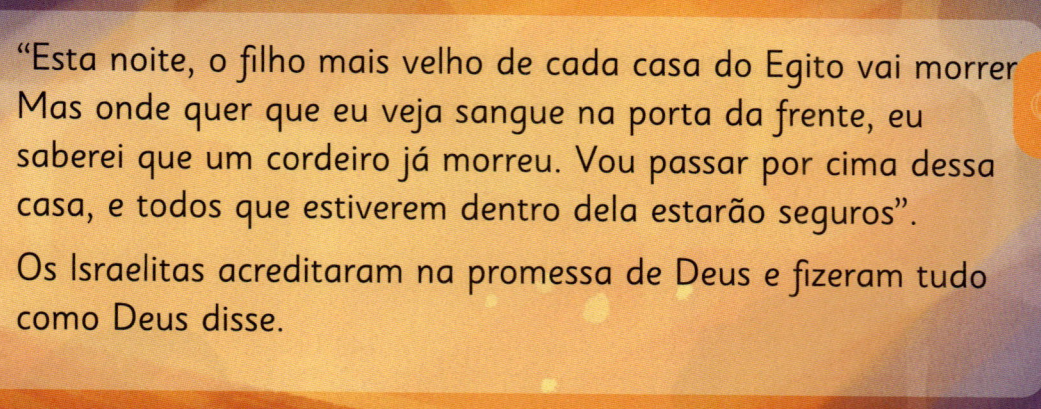

"Esta noite, o filho mais velho de cada casa do Egito vai morrer. Mas onde quer que eu veja sangue na porta da frente, eu saberei que um cordeiro já morreu. Vou passar por cima dessa casa, e todos que estiverem dentro dela estarão seguros".

Os Israelitas acreditaram na promessa de Deus e fizeram tudo como Deus disse.

Naquela noite, Deus fez exatamente o que ele tinha prometido. Todas as famílias que pintaram a porta com o sangue do cordeiro estavam seguras.

Moisés foi ver Faraó novamente.

E Faraó disse: "Vão embora!"

Assim, os Israelitas saíram do Egito imediatamente. Havia tantos deles que era muito difícil contar quantos eles eram...

... e agora, estavam todos livres.

20. Um Caminho pelo Mar

Êxodo 14:5 - 15:21

Depois que Faraó deixou Moisés e os Israelitas saírem do Egito, ele mudou de ideia. Ele queria seus escravos de volta! Então levou seu exército para pegá-los.

Faraó tinha centenas, centenas e centenas de carruagens. Os Israelitas não tinham nenhuma.

Atrás deles, tudo que os Israelitas podiam ver eram as carruagens de Faraó. E na frente deles, tudo que tinha era o Mar Vermelho - e os Israelitas não tinham nenhum barco.

Eles estavam aterrorizados.

Deus mandou Moisés estender sua vara. Então Deus enviou um vento superforte que soprou o mar em duas paredes de água com um caminho seco entre elas. Os Israelitas passaram por esse caminho até o outro lado do mar.

Os egípcios perseguiram eles pelo caminho. Então Deus disse a Moisés para estender sua vara novamente, e dessa vez, as paredes de água caíram e os egípcios foram arrastados pela água.

Os Israelitas ficaram na praia e cantaram para Deus:

"Não há ninguém como o Senhor. Ninguém pode fazer o que o Senhor faz. O Senhor resgatou seu povo e vai nos levar para a nossa terra. O Senhor é o maior Rei".

21. Os Mandamentos de Deus
Êxodo 19:1 - 20:17; 24:3

Depois que saíram do Egito, os Israelitas chegaram até o Monte Sinai.

Trovões soaram, relâmpagos brilharam e uma nuvem bem densa cobriu o monte. Então Deus apareceu como um fogo enorme e brilhante. Era a forma dele de mostrar que estava fazendo uma promessa inquebrável.

Moisés subiu ao Monte Sinai e Deus deu a ele uma mensagem para todos os Israelitas:

"Eu resgatei vocês do Egito. Agora, me obedeçam totalmente e vocês serão o meu povo - a minha família especial".

Para mostrar ao povo como obedecer a ele, Deus deu para eles Dez Mandamentos:

1. Não adore nenhum outro deus.
2. Não trate algo que você fez como se fosse um deus. Isso será sempre um falso deus.
3. Não use o nome de Deus de forma desrespeitosa e sem reverência.
4. Reserve um dia da semana para descansar e passar tempo conversando e ouvindo a Deus.
5. Obedeça e ame seus pais.
6. Não mate ninguém.
7. Não trate alguém que é casado com outra pessoa, como se fosse casado com você.
8. Não pegue as coisas de outras pessoas.
9. Não diga coisas que não são verdadeiras.
10. Não fique irritado porque você não tem as coisas que outras pessoas têm.

Deus também deu para eles muitas outras maneiras para obedecerem a Ele. E ele prometeu dar para eles a terra que havia prometido a Abraão.

"Nós acreditamos nas suas promessas e vamos fazer tudo que o Senhor mandou", os Israelitas responderam.

22. A Tenda de Deus
Êxodo 25 - 27; 40:34-38

Enquanto estavam no deserto, os Israelitas viviam em tendas. Deus queria viver com eles, então ele disse a Moisés como construir uma tenda especial para Ele.

Essa tenda ficaria no meio do acampamento, e no meio da tenda estaria o lugar mais especial do mundo - o lugar onde Deus viveria entre o seu povo.

Deus disse para Moisés colocar uma cortina bem grossa na frente desse lugar mais especial. Era como um grande sinal de Não Entre. Isso mostrava para as pessoas que, porque elas não obedeciam às leis de Deus o tempo todo, não mereciam ser amigas de Deus e viver com ele para sempre.

Mas então Deus disse que as pessoas poderiam queimar um animal morto na frente da sua tenda. Deus ia entender que o animal tinha morrido no lugar das pessoas, para receber a punição que elas mereciam. Com isso, elas poderiam ser amigas dele e viver com Ele para sempre.

Os Israelitas construíram a tenda exatamente como Deus tinha dito a eles. A tenda foi chamada de Tabernáculo. E Deus apareceu como uma nuvem e veio morar ali.

23. Criando um falso deus
Êxodo 32:1 - 33:17

Enquanto Moisés estava no Monte Sinai conversando com Deus, lá embaixo, no pé do Monte, os Israelitas decidiram criar um novo deus - um falso deus. Eles produziram um bezerro de ouro e depois fizeram uma grande festa para celebrar o falso deus deles.

Quando o verdadeiro Deus viu o que eles estavam fazendo, ficou zangado. Ele falou para Moisés...

"Essas pessoas não me obedeceram. Eu não estarei mais com elas. Elas não podem ser o meu povo nem viver na minha terra".

Moisés implorou a Deus: "Essas pessoas são da família de Abraão. Por favor, escolha amá-las, mesmo que tenham desobedecido ao Senhor. Por favor, nos deixe ser o Seu povo e viver em Sua terra. Por favor, mostre a todos que o Senhor é o Deus que sempre cumpre as suas promessas, não importa o que aconteça".

Deus ficou satisfeito com Moisés. Então Ele não deixou seu povo.

Moisés desceu do monte e desfez o falso deus. Os Israelitas que não gostaram da destruição do falso deus morreram. Deus conduziu o restante do povo pelo deserto, em direção à terra que ele havia prometido a Abraão.

24. Josué, Calebe e os Espias

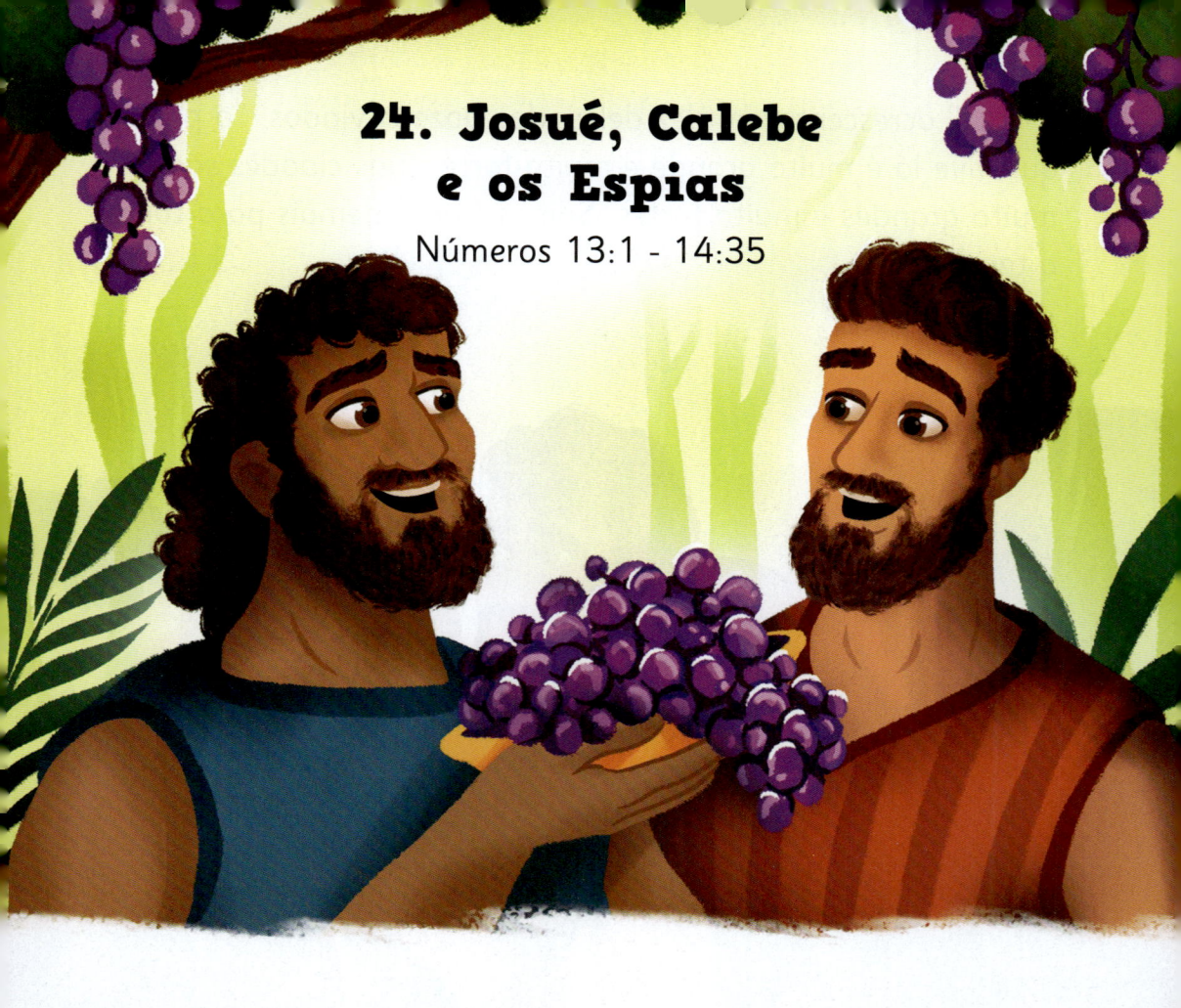

Números 13:1 - 14:35

Os Israelitas chegaram na divisa da terra que Deus tinha prometido a eles. Moisés enviou doze homens para explorar a terra.

Quando os espias voltaram, eles trouxeram frutas fantásticas. "É um lugar incrível", disseram.

"Mas..." acrescentaram dez deles, dos doze enviados, "o povo que vive lá é muito grande e muito forte, suas cidades são muito grandes e muito fortes. Somos fracos demais para tomar a terra".

Dois dos espias discordaram.

"Deus está conosco!" disseram Josué e Calebe. "Ele vai nos dar a terra. Nós só precisamos acreditar nas suas promessas. Vamos lá!"

Mas o povo não quis ouvir. Eles lamentaram: "Vamos voltar para o Egito" – mesmo que tenham sido escravos lá.

Deus não ficou contente. Ele decidiu que as pessoas que não acreditaram na sua promessa não teriam permissão para entrar na sua terra. Apenas seus filhos, quando crescessem, poderiam entrar na terra.

"Mas Eu deixarei que Josué e Calebe vivam na minha terra", disse Deus, "porque eles foram os únicos que confiaram nas minhas promessas e que querem me obedecer".

25. Moisés vê a terra

Deuteronômio 18:17-20; 34

Moisés tirou o povo da escravidão e os liderou por quarenta anos no deserto. Agora ele estava prestes a morrer. Ele disse ao povo que era hora deles entrarem na terra que Deus tinha prometido dar a eles.

Ele disse ao povo que, depois que morresse, Deus queria que Josué fosse o líder deles. Ele lembrou o povo de acreditar nas promessas de Deus e sempre fazer o que Deus dizia.

Antes de Moisés morrer, ele escalou uma enorme montanha. Ele podia ver muitos quilômetros à sua frente, até o mar. Deus disse a ele: "Toda a terra que você pode ver - até o mar - é a terra que darei aos Israelitas. Eu quis que você visse isso antes de morrer".

26. Raabe e os Espias

Josué 1 - 3

Josué era o líder dos Israelitas. Deus fez uma promessa para ele: "Lidere o povo para entrar na terra, Eu darei a vitória sobre todos os que vivem lá. Obedeça a mim e tenha coragem, Eu estarei com você onde quer que você vá".

Josué ouviu a promessa e fez tudo que Deus falou.

Josué enviou dois homens para explorar a terra. Eles foram secretamente até Jericó, a enorme cidade com muralhas muito, muito grandes. Mas o rei de Jericó descobriu que eles estavam lá - e mandou soldados para capturar os espias.

Raabe vivia em Jericó. Ela tinha ouvido falar de como Deus havia resgatado os Israelitas do Egito, e sabia que ele era o verdadeiro Deus. Ela decidiu esconder os espias dos soldados.

"Quando conquistarmos Jericó, nós vamos proteger você e sua família", os espias prometeram a ela. Então escaparam e voltaram para Josué. Eles estavam seguros.

Josué e todos os Israelitas atravessaram o Rio Jordão. Deus separou o rio em dois paredões de água e eles caminharam por um caminho seco. Finalmente, depois de muito tempo, o povo de Deus estava de pé na terra que Deus tinha prometido dar a eles.

27. As Muralhas de Jericó
Josué 6

Josué liderou os Israelitas até Jericó, a enorme cidade com muralhas muito, muito grandes. As pessoas que viviam ali trancaram os portões e não tinha como entrar lá.

Deus disse a Josué que todos os soldados deveriam marchar ao redor da cidade, uma vez por dia, durante seis dias.

Então, no sétimo dia, eles deveriam marchar ao redor da cidade sete vezes. Na última vez, eles deveriam tocar suas trombetas e gritar bem alto.

Deus prometeu que quando eles fizessem isso, as muralhas muito altas iriam cair completamente.

Josué fez tudo que Deus disse. Os Israelitas marcharam ao redor de Jericó uma, duas, três, quatro, cinco, seis vezes.

Então, no sétimo dia, marcharam sete vezes. Então, eles tocaram suas trombetas e gritaram.

Naquele momento as muralhas caíram. Deus havia dado a cidade para os Israelitas.

Os dois espias que Raabe tinha escondido foram encontrá-la e trouxeram ela e sua família para viver com os Israelitas. Ela estava segura.

28. Josué diz adeus

Josué 23:14 - 24:28

Josué tinha liderado os Israelitas em muitas batalhas e eles conquistaram muitas vitórias. Agora, toda a terra pertencia a eles. Eles podiam ter suas casas e cultivar alimentos, e desfrutar da paz.

Josué já era velho, então, antes de morrer, ele reuniu os Israelitas para se despedir.

"Deus cuidou de nós", lembrou Josué. "Deus fez muitas promessas para nós - e ele cumpriu cada uma delas. Agora vocês devem obedecer a Deus para que possam continuar aproveitando a vida na terra que ele nos deu".

"Todos têm que escolher se vão amar e obedecer a Deus ou não", disse Josué. "Eu escolho amar e obedecer a Deus". "Nós também escolhemos isso", disseram todas as pessoas.

Assim, por algum tempo, todo o povo de Deus viveu feliz, sob os princípios de Deus, na terra que Ele tinha dado a eles.

29. Débora, Baraque e a Grande Batalha

Juízes 4 - 5

Os Israelitas estavam em grandes apuros.

Depois que Josué morreu, eles esqueceram tudo que Deus tinha feito por eles. Continuaram desobedecendo a Deus e escolhendo amar a falsos deuses.

Então Deus continuou deixando que seus inimigos os derrotassem.

Um dos seus inimigos era Sísera, o poderoso líder do enorme exército de Canaã. Ele tinha novecentas carruagens. Os Israelitas não tinham nenhuma.

Os Israelitas clamaram a Deus por ajuda. Então Deus deu a eles uma líder chamada Débora. Ela disse ao povo como obedecer a Deus.

Débora disse a Baraque, o não tão poderoso líder do não tão grande exército de Israel, que era tempo de batalha.

"Vá e lute!" disse Débora a ele. "Deus vai dar a vitória sobre Sísera!"

Então Baraque lutou. E Deus enviou uma tempestade para impedir que Sísera usasse suas carruagens, para que o exército Israelita pudesse vencer a batalha. O povo de Deus aproveitou a liberdade e a paz novamente.

30. Sansão salva os Israelitas
Juízes 14 - 16

Os Israelitas estavam em grandes apuros novamente. Eles tinham parado de obedecer a Deus outra vez. Então Deus permitiu que fossem derrotados por seus inimigos (de novo).

Deus deu ao seu povo um líder chamado Sansão e deu a ele uma super força para lutar contra seus inimigos, os filisteus.

Mas Sansão não queria lutar contra os filisteus. Em vez disso, ele se apaixonou por uma filisteia. Ela se chamava Dalila.

Os líderes dos filisteus prometeram a Dalila: "Nos conte o segredo da super força de Sansão e nós te deixaremos rica".

Então Dalila perguntou a Sansão: "Por que você é tão forte?"

Sansão não quis contar. Mas Dalila perguntou de novo, e de novo, e de novo. Finalmente, Sansão contou a ela: "Deus me tornou forte e eu devo mostrar que sou seu servo nunca cortando meu cabelo. Se meu cabelo for cortado, perderei minha força".

Dalila esperou até que Sansão dormisse... e então cortou seu cabelo. Soldados filisteus vieram para prender Sansão, e agora ele estava muito fraco para lutar contra eles.

Sansão foi colocado na prisão. E seu cabelo começou a crescer de novo.

Um dia, os filisteus estavam dando uma festa, "Tragam Sansão para que possamos rir dele", eles gritaram.

Sansão saiu. Ele estava de pé ao lado das colunas que sustentavam o telhado do prédio. "Deus, me faça forte uma última vez para que eu possa lutar contra os filisteus", ele orou. Ele empurrou as colunas com toda a força que tinha...

CRASH!

Sansão foi esmagado - e os filisteus também. Ao morrer, Sansão derrotou os inimigos de Israel.

31. Rute encontra uma família

Rute

Não havia comida em Israel. Todos estavam ficando cada vez mais famintos. Então, um homem chamado Elimeleque decidiu se mudar para um país chamado Moabe com sua esposa Noemi e seus dois filhos. As pessoas de Moabe não amavam nem obedeciam a Deus, e as pessoas de Israel e Moabe não se gostavam nem um pouco.

Em Moabe, os filhos de Elimeleque se casaram com mulheres chamadas Orfa e Rute. Mas Elimeleque morreu. E então seus filhos morreram. Então Noemi, Orfa e Rute estavam todas sozinhas.

Noemi soube que havia comida novamente em Israel, então decidiu voltar para Belém, onde tinha morado.

"Eu vou com você", disse Rute. "De agora em diante, eu vou amar e obedecer ao Deus que você ama e obedece".

Quando Noemi e Rute chegaram em Belém, não tinham dinheiro e nem comida. Então Rute foi até um campo para colher algumas sobras de milho. O campo pertencia a Boaz, que era da mesma família de Elimeleque.

Boaz sabia que Rute e Noemi precisavam de ajuda e decidiu cuidar delas. Ele garantiu que Rute estivesse segura e deu a ela muita comida.

Boaz e Rute decidiram se casar. Eles tiveram um filho chamado Obede. Noemi amava cuidar dele.

"Louvado seja Deus!" disseram os amigos de Noemi. "Deus deu a você uma nova família".

32. O filho especial de Ana
1 Samuel 1 - 2

Ana estava extremamente triste. Ela queria muito fazer parte da forma como Deus mantinha suas promessas de encher o mundo de pessoas e tornar a família de Abraão enorme. Mas ela não conseguia ter filhos.

Um dia, Ana foi ao Tabernáculo, a tenda especial onde Deus vivia entre o seu povo.

Ana chorou. E Ana orou: "Senhor, estou tão chateada. Por favor, me dê um filho, e então, eu darei esse filho ao Senhor, para servir ao Senhor por toda a vida dele".

Eli trabalhava no Tabernáculo como sumo sacerdote. Ele percebeu que algo estava errado com Ana. Quando ela explicou o quanto estava triste, Eli disse: "Espero que Deus dê a você o que você pediu".

Ana se sentiu muito melhor depois de ter orado.

Deus deu a Ana o que ela pediu - um filho, chamado Samuel.

E Ana deu a Deus o que ela tinha prometido. Quando Samuel tinha três anos, ela o levou para morar com Eli e trabalhar com ele no Tabernáculo. Quando Samuel cresceu, ele se tornou mensageiro de Deus para o povo de Israel.

Ana orou novamente:

"Deus, o Senhor fez meu coração se sentir feliz. Não há ninguém como o Senhor. O Senhor é bondoso com todos que reconhecem que precisam do Senhor".

33. Nós queremos um rei!
1 Samuel 8 - 13

Naás era o feroz rei de Amom. Os Israelitas estavam com medo dele e de seu exército.

Então eles disseram ao mensageiro de Deus, Samuel: "Queremos um rei para lutar por nós! Queremos um rei, como todos os outros têm!"

Samuel relembrou ao povo que Deus era o rei deles.

"Se vocês escolherem um rei como todos os outros têm, ele vai levar seus filhos para o servir e vai tomar suas terras e seus animais para ficar rico". Samuel os avisou: "Em breve vocês vão ficar muito tristes por terem escolhido um rei que não é Deus".

"Não!" eles insistiram. "Queremos um rei, assim como todos os outros!"

Então Deus deu a eles o que tinham escolhido. Deus deu a eles um rei, chamado Saul.

Saul era muito alto - e o povo ficou contente com isso. Saul derrotou Naás - e o povo ficou muito contente com isso também.

Mas Saul não obedecia a Deus - e Deus não ficou satisfeito com isso.

Deus decidiu que Saul não seria rei por muito tempo. Em vez disso, ele daria a Israel o rei que eles precisavam, ao invés do rei que eles queriam. Quem Deus escolheria?

34. Deus escolhe um Rei
1 Samuel 16

Um dia, Deus enviou seu mensageiro Samuel para visitar Jessé, um homem que morava em Belém. Os avós de Jessé eram Rute e Boaz. "Escolhi um dos filhos de Jessé para ser o próximo rei de Israel", falou Deus a Samuel.

Quando Samuel chegou, viu Eliabe, filho de Jessé. Samuel pensou que Eliabe parecia um rei.

Mas Deus disse a Samuel: "Você se preocupa com a aparência das pessoas, mas eu me preocupo com o que alguém realmente é por dentro. Eu não escolhi Eliabe para ser rei".

Logo em seguida, veio Abinadabe, outro filho de Jessé. Deus não o escolheu. Então veio Samá e Deus também não o escolheu. Então vieram mais quatro filhos. Deus não escolheu nenhum deles.

"Você tem mais filhos?" Samuel perguntou a Jessé.

"Tenho mais um, o mais novo, respondeu Jessé. "Ele está cuidando das ovelhas". Jessé enviou alguém para buscá-lo.

O nome dele era Davi. Quando Davi entrou, Deus disse a Samuel: "Este é o que eu escolhi".

Então Samuel derramou óleo sobre a cabeça de Davi para mostrar que ele seria o próximo rei.

E Deus derramou seu Espírito em Davi para prepará-lo para ser o próximo rei.

35. Davi e Golias
1 Samuel 17

Os Israelitas estavam em grandes apuros. Os filisteus tinham atacado, e eles tinham um herói - um soldado enorme, enorme, chamado Golias. Ele era tão alto quanto um homem normal em pé nos ombros de outro homem normal.

"Eu vou lutar com qualquer um de vocês", Golias gritou para o exército de Israel. "Se eu perder, nós seremos seus escravos. Mas se eu vencer, vocês serão nossos escravos".

Os Israelitas estavam com muito medo de lutar contra Golias. Até o rei Saul estava com medo.

Os irmãos mais velhos de Davi eram soldados Israelitas. Um dia ele foi visitá-los e ouviu Golias gritando.

"Eu vou lutar com ele", disse Davi.

As roupas de Golias eram feitas de metal e pesavam o mesmo que dezessete tijolos.

Davi estava usando apenas uma capa.

Golias tinha uma espada enorme, uma lança maior ainda e um escudo gigantesco.

Davi tinha uma pequena funda e cinco pedras.

Quando Golias viu Davi, ele riu.

Davi respondeu:
"Você tem armas,
mas eu tenho Deus.
Deus vai me dar a
vitória sobre você".
Davi atirou uma
pedra com sua funda...

Atingiu Golias.

E ele caiu.

Morto.

Os Israelitas perseguiram os filisteus enquanto eles fugiam. O povo de Deus não estava mais com medo - Golias estava morto, Davi tinha vencido, e agora eles estavam livres!

36. Um Rei para Sempre
2 Samuel 5 – 7; Salmo 51

Davi se tornou rei de Israel. Deus deu a Davi a vitória sobre todos os inimigos do povo de Deus... uma nova cidade para viver chamada Jerusalém... e a habilidade de escrever muitas músicas sobre Deus e seu povo, chamadas de Salmos.

As pessoas viviam sob os princípios de Deus e estavam felizes na terra que ele tinha dado para eles.

Um dia, Deus fez uma promessa para Davi: "Um dos seus filhos vai se tornar rei depois de você. E alguém da sua família vai se tornar um rei para sempre. Ele será como um filho para mim, e eu sempre o amarei".

Davi respondeu com uma oração de agradecimento: "Deus, o Senhor é grande. Não há ninguém como o Senhor. O Senhor fez de Israel seu povo especial e tem sido super, super gentil comigo. Muito obrigado pelas suas promessas".

Davi foi um grande rei, apesar de cometer grandes erros de vez em quando. Mas quando ele errava ele dizia a Deus...

"Eu sei que não obedeci ao Senhor. Eu não mereço ser seu amigo. Me perdoe. Por favor, me perdoe para que eu ainda possa ter a chance de ser seu amigo, e por favor, me mude para que eu possa obedecer como deveria".

37. Rei Salomão

1 Reis 3:1 - 11:13

Salomão se tornou rei de Israel depois que seu pai Davi morreu.

"Eu quero governar bem o seu povo, Deus", orou Salomão. "Por favor, me faça sábio".

"Eu farei de você o homem mais sábio do mundo", Deus respondeu.

Salomão construiu um templo em Jerusalém. Ele usou pedra e madeira, além de ouro brilhante e joias deslumbrantes. No meio do templo ficava o lugar mais especial do mundo – o lugar onde Deus vivia entre o seu povo.

Como Salomão era muito sábio e rico, a rainha de Sabá fez uma longa viagem para visitá-lo. "Esta terra é incrível!" disse ela. "Todos devem estar muito felizes por ter um rei tão bom. Deus deve amar muito o seu povo".

Mas então Salomão deixou de ser tão sábio e decidiu começar a adorar falsos deuses em vez do Deus verdadeiro. Deus não ficou satisfeito com isso. "Porque você parou de me amar, seu filho não vai governar Israel", disse ele. "Mas eu prometi ao seu pai, Davi, que a família dele sempre governaria meu povo. Então eu permitirei que seu filho seja rei de uma pequena parte desta terra".

38. As coisas dão muito errado

1 Reis 12:1-33; 15:9-24

Depois que Salomão morreu, o povo de Deus precisava de um novo rei.

Roboão era filho de Salomão e queria ser governante. Ele decidiu que ser maldoso com o povo de Deus era a maneira certa de mostrar seu poder.

Muitas pessoas não queriam um rei malvado, então escolheram outro rei, chamado Jeroboão. Ele governava a maior parte de Israel, enquanto Roboão governava apenas uma pequena parte, chamada Judá. A terra de Deus foi dividida em duas partes.

ISRAEL

JUDÁ

O templo onde Deus vivia entre o seu povo estava em Judá e o rei Jeroboão não queria que as pessoas fossem visitar o templo. Então ele criou dois falsos deuses e disse ao povo que ele governava para que os adorassem em vez de adorar a Deus. E eles fizeram isso. Logo, as pessoas em Judá escolheram adorar falsos deuses.

Israel e Judá tiveram muitos reis. Alguns reis eram bons e diziam para o povo amar e obedecer a Deus. Mas a maioria era ruim e dizia ao povo para adorar os falsos deuses.

Deus enviou muitos mensageiros para lembrar os reis e o povo que eles deveriam acreditar nas suas promessas e obedecer aos seus mandamentos. Mas eles escolheram não ouvir os mensageiros. As coisas tinham dado muito errado.

39. Elias e o Fogo
1 Reis 16:29 - 17:1; 18:16-45

Quando Acabe e Jezabel eram rei e rainha, eles disseram para todos adorarem o falso deus Baal. Eles diziam que Baal era superpoderoso e ele fazia os alimentos crescerem.

O mensageiro de Deus se chamava Elias. "Deus vai fazer com que pare de chover", ele avisou ao rei Acabe. "Nenhum alimento vai crescer".

E durante anos não choveu e nenhum alimento cresceu.

"Vocês deveriam adorar e amar a Deus", disse Elias ao povo. Mas eles não tinham certeza se deveriam ouvir a Elias ou ao rei Acabe.

Então Elias criou um desafio. Ele colocou um touro morto em cima de madeiras e pedras, e alguns homens que adoravam Baal fizeram o mesmo "O Deus que conseguir enviar fogo nesse touro é o Deus que vocês devem amar e obedecer", disse Elias ao povo.

Os adoradores de Baal gritaram e dançaram. Eles pediram a Baal para enviar fogo. Eles imploraram a Baal para que enviasse fogo.

Nada aconteceu.

Elias orou a Deus: "Por favor, mostre a todos que o Senhor é o verdadeiro Deus, para que eles o amem e o obedeçam novamente".

E...

FOGO! O touro foi queimado, a madeira foi queimada - até as pedras foram queimadas!

"Este é o verdadeiro Deus!" Disseram as pessoas.

E Deus enviou chuva novamente, para que os alimentos voltassem a crescer.

40. Um Rei está vindo

Isaías

O povo de Deus, tanto em Israel, quanto em Judá, estava em grandes apuros. Seus inimigos continuavam a derrotá-los.

Um dos mensageiros de Deus foi Isaías. Ele trouxe um aviso para os reis e para o povo:

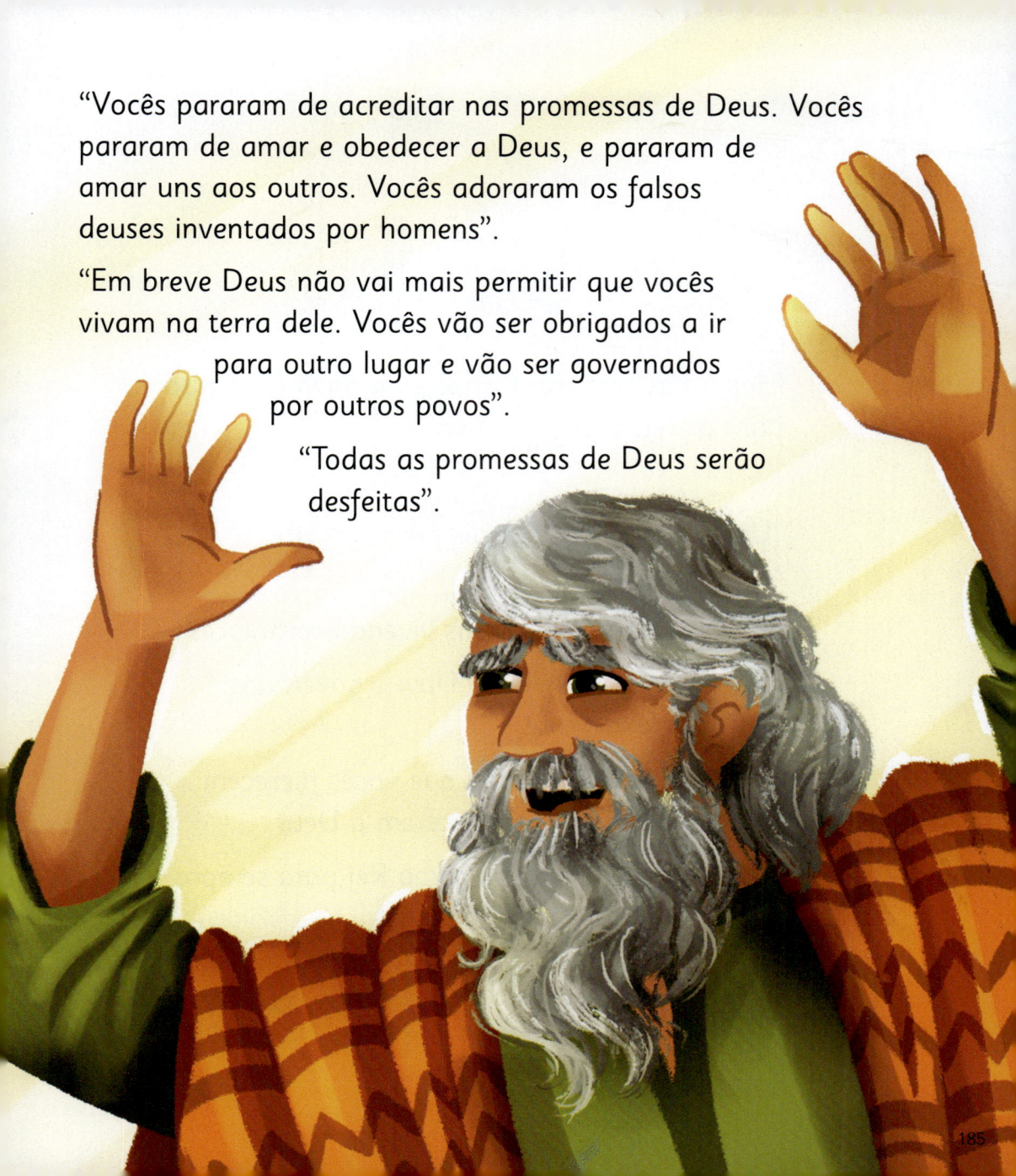

"Vocês pararam de acreditar nas promessas de Deus. Vocês pararam de amar e obedecer a Deus, e pararam de amar uns aos outros. Vocês adoraram os falsos deuses inventados por homens".

"Em breve Deus não vai mais permitir que vocês vivam na terra dele. Vocês vão ser obrigados a ir para outro lugar e vão ser governados por outros povos".

"Todas as promessas de Deus serão desfeitas".

Mas Isaías também trouxe uma nova promessa para os reis e para o povo:

"Um dia, o Rei que vocês precisam virá resgatar vocês.

Ele vai ser o próprio Deus vivendo com vocês.

Ele vai ser da família de Davi e governará vocês perfeitamente.

Ele vai receber o castigo que vocês merecem por não amarem e obedecerem a Deus.

E ele reinará como Rei para sempre".

"Quando esse Rei vier...

    Os lobos vão ser amigos das ovelhas.

    As pessoas cegas poderão ver.

    As pessoas que não conseguem andar, vão correr e pular.

    As pessoas mortas vão voltar à vida.

    Não vai haverá nada de ruim, então ninguém vai se sentir triste".

"Quando esse Rei vier, todas as promessas de Deus vão se cumprir. A vida vai ser muito melhor que antes".

41. Jonas e o Grande Peixe

Jonas

Um dia, Deus disse a Jonas para ir até a poderosa cidade chamada Nínive com uma mensagem: "Deus vai punir vocês porque não amam a Deus e não amam uns aos outros".

Jonas não gostava das pessoas de Nínive. Então, ele não gostou da ideia que eles poderiam ouvi-lo, se arrependeriam e que Deus iria perdoar e não os punir.

Então Jonas decidiu desobedecer a Deus. Ele entrou em um barco que estava indo para um lugar muito longe dali.

Mas Deus enviou uma tempestade para parar Jonas. Quando os marinheiros no barco descobriram o que Jonas tinha feito, jogaram ele no mar.

Para baixo,

para baixo,

para baixo,

Jonas foi...

... mas Deus enviou um grande peixe para engolir ele.

Jonas orou a Deus: "Obrigado por me resgatar, Deus!" ele disse.

Jonas ficou dentro do peixe por três dias e três noites, e então Deus fez com que ele fosse cuspido em terra seca.

Novamente, Deus disse para Jonas ir até Nínive. Desta vez, Jonas obedeceu. Quando ouviram a mensagem de Deus, o rei de Nínive e todas as pessoas ficaram muito arrependidas. Eles mudaram sua maneira de viver. Eles esperavam que Deus os perdoasse.

E Deus os perdoou.

Jonas ficou muito irritado. Mas Deus estava muito satisfeito. "Você se preocupa mais com as coisas que mantêm você confortável", disse Deus a Jonas. "Mas eu me preocupo mais com as pessoas".

42. Fora da terra

2 Reis 17; 24:8-16; Ezequiel

Oséias era rei de Israel. Ele não amava nem obedecia a Deus. As pessoas também não.

Deus enviou vários mensageiros para avisar a todos que, se escolhessem desobedecer a Deus, Ele ia fazer com que eles deixassem a terra. Mas ninguém ouvia.

Então Deus permitiu que o poderoso rei da Assíria derrotasse o rei de Israel. O povo teve que deixar a terra e viver como estrangeiros na Assíria.

Joaquim era rei de Judá. Ele não amou nem obedeceu a Deus. As pessoas também não.

Então Deus permitiu que o poderoso rei da Babilônia derrotasse o rei de Judá. O templo de Jerusalém, onde Deus vivia entre o povo, foi destruído, e o povo teve que deixar a terra e viver como estrangeiros na Babilônia.

O povo de Deus estava mais triste do que nunca.

Ezequiel foi um dos mensageiros de Deus. "Deus disse: 'Eu cumpri minha promessa de que vocês teriam que deixar a minha terra'" ele falou para o povo. "Mas agora Eu prometo que vou resgatar vocês e trazer vocês de volta para minha terra. Vou cumprir essa promessa também".

"Eu darei a vocês o rei que vocês precisam. Eu enviarei meu Espírito para viver em vocês. Ele ajudará vocês a me obedecer".

43. Daniel na cova dos Leões
Daniel 6

Daniel morava na Babilônia. Ele trabalhava para o rei e amava a Deus. Ele orava a Deus todos os dias.

Alguns dos outros homens que trabalhavam para o rei queriam colocar Daniel em apuros. Então eles disseram ao rei...

"Achamos que você deveria ordenar que todos devem fazer orações para você e não para Deus. Qualquer um que não o obedecer deve ser jogado em uma cova cheia de leões famintos".

E foi isso que o rei ordenou.

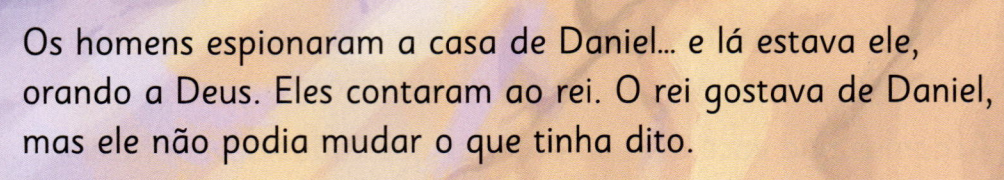

Os homens espionaram a casa de Daniel... e lá estava ele, orando a Deus. Eles contaram ao rei. O rei gostava de Daniel, mas ele não podia mudar o que tinha dito.

Daniel foi jogado na cova cheia de leões famintos.

"Espero que o seu Deus te salve", disse o rei.

Naquela noite, o rei não conseguiu dormir. Mas naquela noite, os leões não comeram nada.

Então, quando o rei foi até a cova, pela manhã, lá estava Daniel - ainda vivo!

"Deus enviou um anjo para fechar a boca dos leões", disse Daniel.

O rei ficou muito feliz. Ele fez com que os homens que tinham colocado Daniel em apuros fossem jogados na cova dos leões. E disse a todos da Babilônia...

"O Deus de Daniel é o verdadeiro Deus. Ele é o maior governante de todos. Ele pode resgatar pessoas".

44. A Rainha Corajosa
Ester

Quando um homem chamado Xerxes era o rei da Pérsia e da Babilônia, ele queria uma nova rainha. Então disse para todas as belas mulheres de seu reino para irem até o palácio.

Ester era parte do povo de Deus e era muito bonita. Quando Xerxes olhou para ela, gostou mais dela do que de todas as outras. Então Ester se tornou sua rainha.

O principal servo do rei se chamava Hamã. Ele odiava o povo de Deus e elaborou um plano astuto e maldoso para se livrar de todos eles. O povo de Deus estava em um grande apuro.

O tio de Ester, Mardoqueu , descobriu o plano de Hamã. Ele pediu a Ester que falasse com o rei sobre isso. Isso era muito perigoso porque a rainha não tinha permissão para falar com o rei, a menos que ele a convidasse.

"Mas você tem a chance de resgatar o povo de Deus", Mardoqueu disse a Ester. "Você pode ter se tornado rainha exatamente por essa razão".

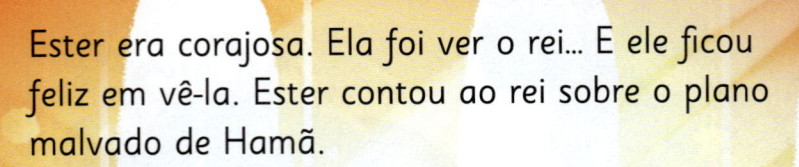

Ester era corajosa. Ela foi ver o rei... E ele ficou feliz em vê-la. Ester contou ao rei sobre o plano malvado de Hamã.

O rei ficou muito bravo com Hamã. Ele se livrou de Hamã e deu seu cargo para Mardoqueu. Todo o povo de Deus comemorou. Porque a rainha Ester foi corajosa, eles estavam seguros!

45. De volta para a terra

Esdras; Neemias; Malaquias 3:1

Ciro era o rei da Pérsia e da Babilônia. Ele era o governante mais poderoso do mundo. Ciro decidiu deixar o povo de Deus voltar para casa, para a terra que Deus tinha dado a eles. Ele disse a eles que poderiam reconstruir o templo em Jerusalém.

Zorobabel era da família dos reis de Judá. Ele voltou com muitas pessoas e eles reconstruíram o templo.

Ao longo de muitos anos, mais e mais pessoas voltaram. Esdras garantiu que o povo conhecesse as promessas inquebráveis de Deus e como obedecer a Deus. Neemias ajudou o povo a construir um muro ao redor da cidade para manter o povo seguro.

Mas o povo estava triste porque nem todas as promessas de Deus tinham se cumprido. E eles não eram muito bons em obedecer a Deus. Então Deus enviou mais mensageiros. Um deles era Malaquias.

"Deus diz: 'Estou chegando'", Malaquias disse ao povo. "Deus diz: 'Eu enviarei um último mensageiro, e então aquele que vai cumprir todas as minhas inquebráveis promessas chegará.'"

Então o povo teve que esperar.... e esperar.... e esperar...

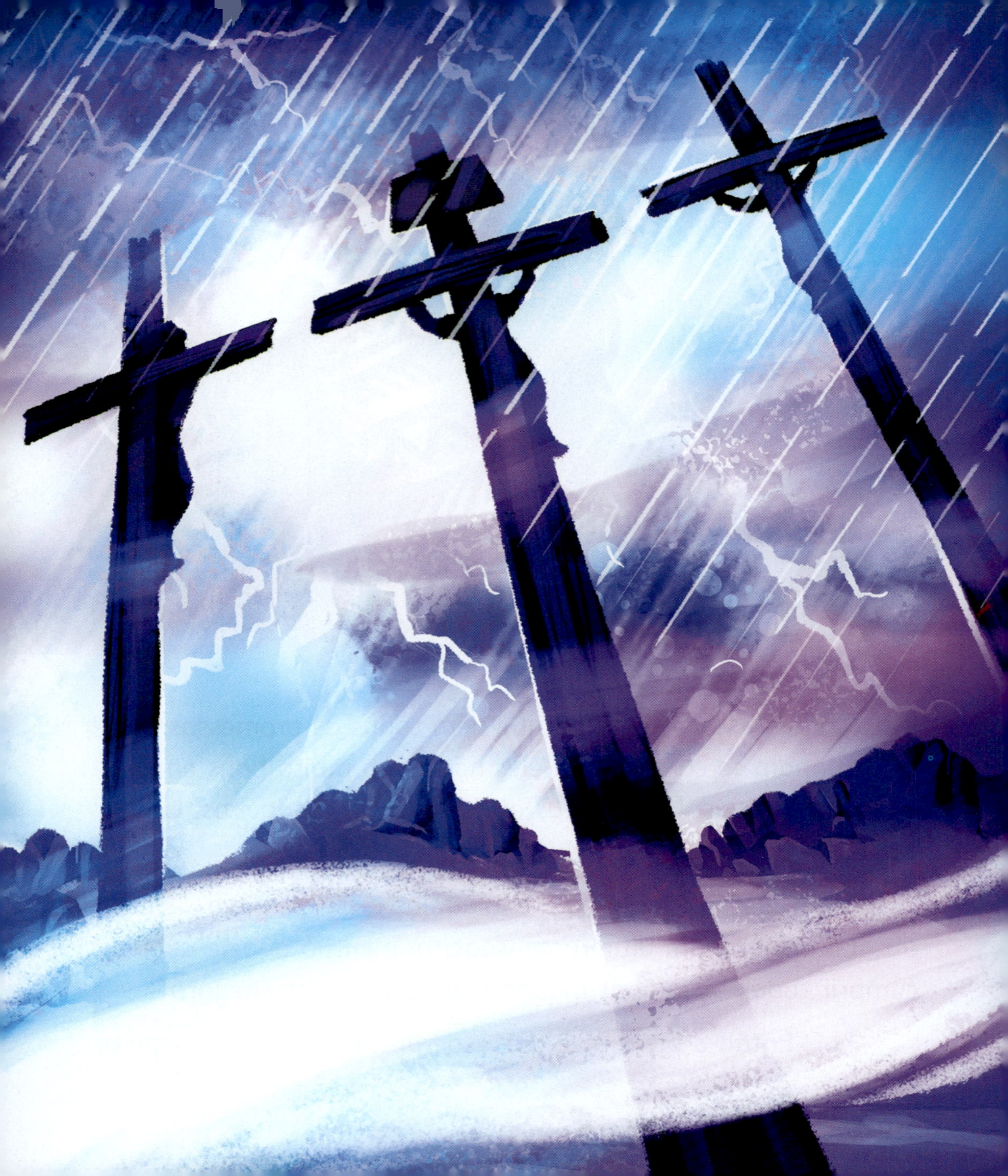

AS GRANDES PROMESSAS DE DEUS
O Novo Testamento

46. Um anjo visita Maria
Lucas 1:26-38

Centenas de anos se passaram desde que Deus falou com seu povo. Então, um dia, ele enviou um anjo para uma pequena cidade chamada Nazaré, para uma jovem chamada Maria. O anjo se chamava Gabriel, e ele tinha uma mensagem.

Maria nunca tinha visto um anjo antes. Ela ficou muito assustada.

"Não tenha medo, Maria", disse Gabriel. "Deus escolheu você para um trabalho muito especial. Você vai ter um menino chamado Jesus. Ele será o Filho de Deus. Ele será o rei do povo de Deus e reinará para sempre".

Maria perguntou ao anjo como ela poderia ter um bebê cujo pai era Deus. Era impossível.

"O Espírito Santo de Deus vai fazer isso acontecer", respondeu Gabriel. "Deus sempre cumpre suas promessas".

"Eu sou serva de Deus", respondeu Maria. "Estou pronta para que tudo isso aconteça".

47. O Anjo fala com José
Mateus 1:18-25

Maria planejava se casar com José. José era da família que o grande Rei Davi tinha feito parte, centenas e centenas de anos antes.

Quando José descobriu que Maria estava grávida e que ele não era o pai do bebê, ele ficou muito triste. Ele decidiu que não queria mais se casar com Maria.

Então, Deus enviou um anjo em um dos sonhos de José.

"José, você ainda deve se casar com Maria", disse o anjo. "O Espírito Santo de Deus colocou esse menino dentro dela. Chame ele de Jesus, porque ele vai resgatar o seu povo".

O anjo disse isso, porque o nome "Jesus" significa "Deus resgata". Centenas de anos antes, o mensageiro de Deus, Isaías, já tinha dito que tudo isso aconteceria. Deus estava vindo para viver com seu povo – como uma pessoa.

José acreditou no anjo de Deus e obedeceu a tudo que ele disse. José e Maria se casaram.

48. A Canção de agradecimento de Maria

Luke 1:39-55

Maria foi visitar uma de suas parentes, chamada Isabel. Isabel nunca tinha conseguido ter filhos e era muito idosa - mas agora ela estava grávida! Deus tinha dado um filho a ela e ao marido dela, Zacarias.

Quando Isabel viu Maria, o bebê de Isabel pulou dentro dela. Foi a maneira de seu bebê mostrar que ele sabia que o bebê de Maria era muito especial.

"Deus foi muito bondoso com você, Maria", disse Isabel. "Deus vai cumprir todas as promessas que fez para você!"

Maria cantou uma canção de agradecimento a Deus:

"Deus é incrível!

Estou tão feliz, porque Deus é meu salvador e cuida de mim.

Eu não sou especial, nem forte, mas faço parte da história de Deus.

Deus é bom para todos que reconhecem que ele é Deus.

Deus é bom para todos que reconhecem que precisam dele.

Deus está cumprindo todas as promessas que fez".

49. Jesus Nasceu
Lucas 2:1-18

O imperador romano era o governante mais poderoso do mundo. Ele queria contar as pessoas sobre as quais governava, então ordenou que todos fossem para a cidade onde tinham nascido. Mesmo que Maria estivesse perto de ter o seu bebê, ela e José tiveram que viajar para Belém.

Em Belém, o bebê de Maria nasceu. Ela o chamou de Jesus. Como não havia nenhum outro lugar que ele pudesse dormir, Maria envolveu Jesus em panos e o colocou em uma manjedoura, onde era guardada a comida dos animais.

Em alguns campos próximos, alguns pastores estavam cuidando de suas ovelhas. Era uma noite escura... e de repente tudo ficou cheio de uma luz brilhante... um anjo estava lá!

Os pastores ficaram muito, muito assustados. Mas o anjo disse...

"Não tenham medo. Eu tenho boas notícias que vão deixar vocês muito felizes. Um bebê acabou de nascer. Ele será o seu salvador. Ele é o rei que cumprirá as promessas de Deus. E ele está deitado em uma manjedoura em Belém".

De repente, havia muitos e MUITOS anjos, cantando louvores sobre Deus.

"Deus está sendo louvado por todos no céu, porque ele está trazendo paz para o seu povo na terra!", eles cantavam.

Quando os anjos voltaram para o céu, os pastores correram para Belém. Eles encontraram Jesus em uma manjedoura, exatamente como o anjo tinha dito. Então foram e contaram a todos que encontraram sobre esse bebê prometido e especial.

50. Simeão e Ana conhecem Jesus

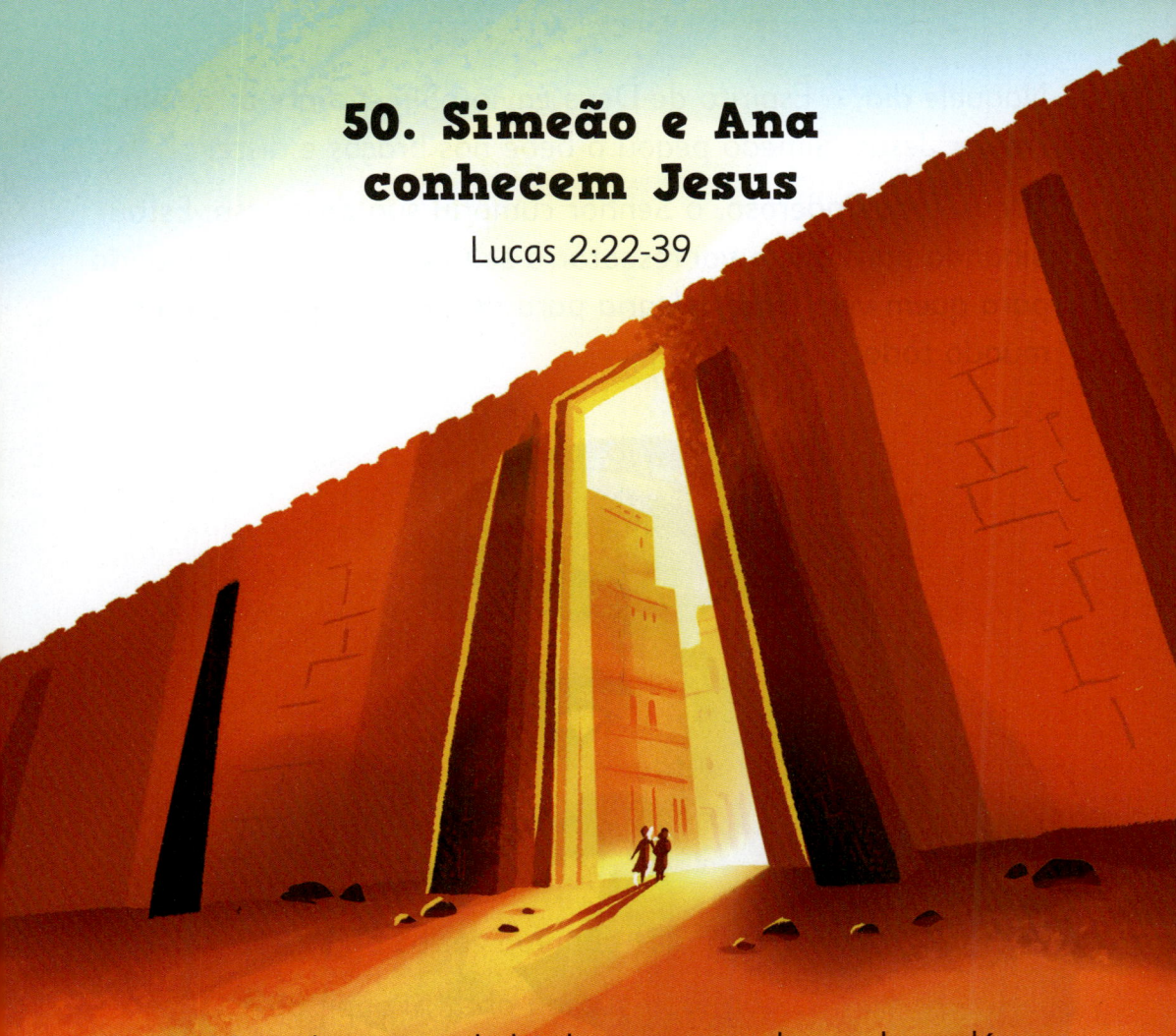

Lucas 2:22-39

José e Maria levaram o bebê Jesus ao templo em Jerusalém para agradecer a Deus por ele. Em Jerusalém vivia um homem muito idoso chamado Simeão. O Espírito Santo de Deus tinha mostrado a Simeão que ele veria o Rei que iria cumprir as promessas de Deus antes de morrer.

Naquele dia, o Espírito de Deus enviou Simeão até o templo. Ao ver Jesus, Simeão pegou o bebê nos braços e disse:

"Deus Todo-Poderoso, o Senhor cumpriu sua promessa. Estou olhando para quem vai resgatar o seu povo. Eu estou olhando para quem veio trazer alegria para as pessoas que vivem no mundo todo".

Enquanto Simeão falava, uma senhora muito idosa chamada Ana o ouviu. Ela era uma mensageira de Deus. Ela agradeceu a Deus por Jesus e contou sobre ele para todos que estavam ansiosos para ver Deus cumprir suas promessas.

51. Chegam os Sábios
Mateus 2:1-11

Um dia, alguns sábios que moravam muito longe de Belém viram uma nova estrela no céu. Eles sabiam que aquilo significava que o rei que ia cumprir as promessas de Deus tinha nascido.

A cidade mais importante da terra, que Deus tinha dado para seu povo, era Jerusalém - então os sábios foram até lá para procurar o bebê rei. Mas ele não estava lá.

O rei de Jerusalém era Herodes, e ele não era uma criança. Herodes encontrou algumas pessoas que conheciam as promessas de Deus e perguntou: "Onde vai nascer o rei que vai cumprir as promessas de Deus?"

"Deus disse que o rei ia nascer em Belém", eles responderam. Então Herodes disse aos sábios para irem procurar o bebê em Belém: "Assim que encontrarem o bebê, me avisem onde ele está", ele ordenou.

Os sábios partiram para Belém. Eles avistaram a estrela novamente, que os guiou para o lugar onde Jesus estava. Eles se curvaram diante de Jesus e deram presentes para ele: Ouro, Incenso e Mirra.

52. Jesus Escapa

Mateus 2:12-23

Os sábios ficaram muito felizes por terem achado o rei em Belém. Mas Deus os avisou em sonho para não deixarem o rei Herodes saber onde Jesus estava. Então eles foram para casa sem falar com Herodes novamente.

Depois que os sábios partiram, Deus enviou um anjo em um dos sonhos de José. "Herodes não quer que Jesus continue vivo", disse o anjo. "Levante-se e leve Jesus para o Egito".

José acreditou no anjo e obedeceu ao que o anjo tinha falado. Ele, Maria e Jesus deixaram Belém o mais rápido que conseguiram, no meio da noite, e foram viver no Egito.

Quando Herodes descobriu que os sábios tinham ido para casa sem falar para ele onde Jesus estava, ele ficou muito bravo. Mas ele estava muito atrasado, Jesus estava seguro.

Jesus viveu no Egito com José e Maria até Herodes morrer, então foi seguro voltar para casa. Eles voltaram para Nazaré e Jesus cresceu, ficou mais velho, maior e mais inteligente.

53. O Batismo de Jesus
Mateus 3:1-17

João Batista era filho de Isabel e parente de Jesus. Ele recebeu uma missão muito especial de Deus: ser o mensageiro que preparava as pessoas para a chegada do próprio Deus.

Quando João cresceu, ele foi viver no deserto. Ele se alimentava de gafanhotos e mel e vestia roupas feitas com pelos de camelo.

Muitas pessoas iam ouvir João falar: "Vocês deveriam se arrepender por não terem amado e obedecido a Deus", ele dizia ao povo. "Comecem a viver com Deus como seu rei novamente". Se alguém se arrependia, João lavava essa pessoa na água para mostrar que era um novo começo - um começo limpo. E isso era chamado de batismo.

"Alguém maior do que eu está chegando", João falava. "Eu batizo vocês com água. Mas ele vai batizar vocês com o Espírito de Deus".

Um dia, Jesus foi até o rio onde João estava batizando as pessoas. "Este é o homem de quem eu tenho falado a vocês!" João anunciou.

Jesus pediu para que João o batizasse. Quando Jesus estava nas águas, o Espírito de Deus veio até ele, em formato de pomba. Então uma voz falou do céu: "Este é meu Filho", disse Deus. "Eu o amo e estou muito contente com ele".

54. Jesus no Deserto
Mateus 4:1-10

Jesus estava no deserto, sozinho. O diabo veio falar com ele. O diabo não gostava de Deus, ele não queria viver sob os princípios de Deus e tinha um plano malvado. O plano dele era fazer com que Jesus escolhesse desobedecer a Deus.

Jesus já estava no deserto fazia quarenta dias, então ele estava com bastante fome.

"Se você realmente é o filho de Deus, por que não transforma essas pedras em pães para comer?" disse o diabo.

"Não", respondeu Jesus. "Meu pai não ia gostar se eu fizesse isso."

"Se você realmente é o filho de Deus, você poderia pular de um prédio bem alto, e Deus diria para os seus anjos para pegarem você", disse o diabo. "Então todo mundo saberia quão grande você é".

"Não" respondeu Jesus. "A palavra de Deus diz que devemos amar a Deus, não testar a Deus".

"Eu gostaria de dar tudo desse mundo para você", disse o diabo. "Olhe para todos os reinos da terra, todo o dinheiro e todas as coisas daqui. Você pode ter tudo isso... se você me adorar".

"Não", respondeu Jesus. "A palavra de Deus diz que nós devemos adorar a Deus e mais ninguém".

O plano do diabo não tinha funcionado. Jesus tinha obedecido perfeitamente ao seu Pai.

55. Jesus escolhe seus amigos

Marcos 1:15-22; 3:14-19

Jesus estava caminhando à beira-mar quando viu dois irmãos indo pescar. Eles se chamavam Simão e André.

"Venham e me sigam", disse Jesus. "No lugar de encontrar peixes para as pessoas comerem, eu vou ensinar vocês a encontrarem pessoas para serem meus amigos".

Simão e André deixaram suas redes de pesca imediatamente e seguiram Jesus. Então Jesus disse para mais dois pescadores, Tiago e João, para o seguirem também - e eles assim fizeram.

Logo Jesus escolheu doze amigos especiais para o seguir, aprender com ele e contar para as pessoas tudo que aprenderam sobre ele. Além dos quatro pescadores, Jesus escolheu Filipe, Bartolomeu, Mateus, Tomé, outro Tiago, Tadeu, Simão o lutador e Judas. Eles eram chamados de discípulos de Jesus. Jesus deu para Simão, o pescador, um novo nome: Pedro.

Jesus começou a contar para as pessoas a sua mensagem: "Este é um tempo especial", ele falava. "Porque eu cheguei, as pessoas podem fazer parte do Reino de Deus. Vocês precisam me amar e me obedecer como seu rei e acreditar que eu vou cumprir todas as promessas de Deus".

56. Levante-se!
Lucas 5:17-26

Jesus estava ensinando em uma casa. Como todos queriam ouvi-lo, a casa estava cheia de pessoas.

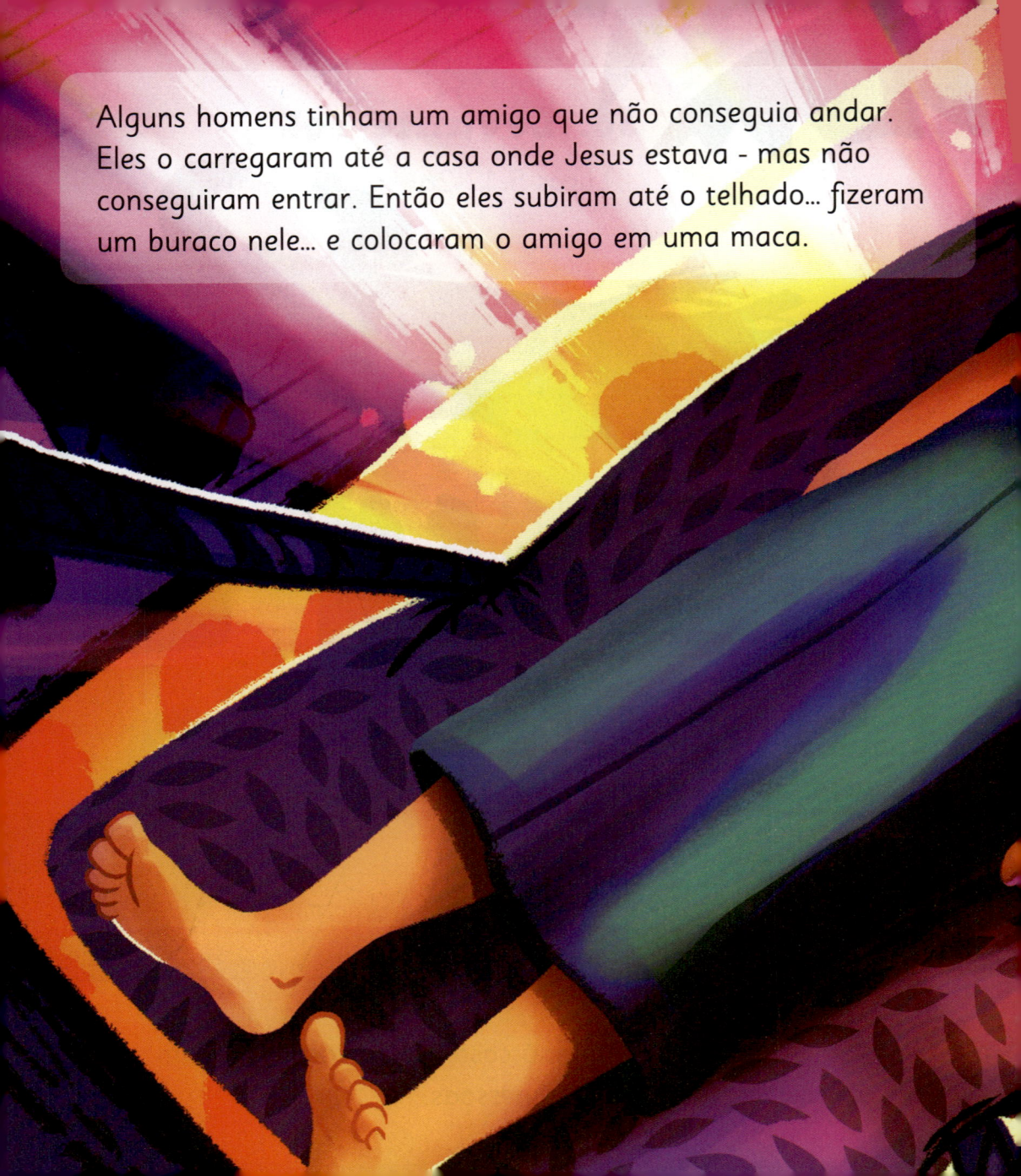

Alguns homens tinham um amigo que não conseguia andar. Eles o carregaram até a casa onde Jesus estava - mas não conseguiram entrar. Então eles subiram até o telhado... fizeram um buraco nele... e colocaram o amigo em uma maca.

Quando Jesus o viu, ele disse: "Meu amigo, eu perdoo os seus pecados - todas as vezes que você não amou e não obedeceu a Deus".

Alguns mestres religiosos que estavam lá ficaram irritados com isso: "Só Deus pode perdoar os pecados de alguém", eles resmungaram. "É impossível para Jesus fazer isso. Será que ele pensa que é Deus?"

Jesus falou: "O que é mais fácil: perdoar os pecados deste homem ou curar suas pernas? Eu vou mostrar para vocês que tenho poder para perdoar os pecados dele fazendo algo que vocês acham impossível". Então ele disse ao homem: "Levante-se!"

E ele se levantou!

O homem agradeceu a Deus – e todo mundo também agradeceu dizendo: "Nós vimos algo incrível!"

57. Um morto volta a viver

Lucas 7:11-16

Jesus e seus discípulos estavam visitando uma cidade chamada Naim. Eles viram uma mulher que estava chorando muito porque seu filho tinha morrido e ela estava indo enterrar o menino. Muitas pessoas estavam com ela e algumas carregavam o corpo do seu filho.

Quando Jesus viu essa mulher, ele se sentiu tão triste que sua barriga doeu.

"Não chore", ele disse a ela. Então ele tocou o corpo do filho dela. "Jovem, levante-se!", disse Jesus.

E o jovem acordou.

O homem que estava morto agora estava vivo. Ele podia falar. Ele podia andar. Todos ficaram maravilhados. "Jesus é um grande mensageiro de Deus", eles disseram. "Jesus é o modo de Deus vir ajudar seu povo".

263

58. A pergunta de João Batista
Lucas 3:19-20; 7:18-28

O filho do rei Herodes era agora o governante. Seu nome era Herodes também. O novo Herodes não gostou do que João Batista estava ensinando - então colocou ele na prisão.

Enquanto estava na prisão, João ouviu falar de tudo que Jesus estava fazendo e dizendo. Então ele se perguntou: "Será que Jesus é o rei que vai cumprir as promessas de Deus? Ou será que devemos esperar por outra pessoa?" Então ele enviou alguns de seus amigos para perguntar isso para Jesus.

Jesus lembrou os amigos de João do que o mensageiro de Deus, Isaías, tinha dito centenas de anos antes, sobre o que o rei que ia cumprir as promessas de Deus faria quando chegasse.

"Eu fiz os cegos enxergarem", disse Jesus. "Eu curei as pernas de pessoas que não podiam andar. Eu trouxe pessoas mortas de volta à vida. Eu falo para as pessoas da boa notícia de que Deus veio para o resgate delas".

Então Jesus disse para a multidão que estava com ele: "João está fazendo algo grande, porque ele é um grande mensageiro de Deus. Mas se vocês viverem comigo como rei de vocês, vão fazer parte de algo muito maior do que isso".

59. Jesus e a tempestade

Marcos 4:35-41

Jesus e seus amigos estavam atravessando um enorme lago em um barco. Jesus estava muito cansado, então ele colocou a cabeça em uma almofada e dormiu.

Enquanto Jesus estava dormindo, uma tempestade enorme começou. A água começou a entrar no barco. Os discípulos pensaram que o barco ia afundar e ficaram assustados.

Jesus ainda estava dormindo - até que seus amigos o acordaram: "Mestre, você não se importa se nós afundarmos?" Eles perguntaram a ele.

Jesus se levantou. E... ele... deu uma bronca na tempestade! "Cala-te!" Ele disse ao vento e às ondas. Fiquem quietas!"

E assim aconteceu! A tempestade parou completamente.

Jesus disse aos discípulos: "Vocês não precisavam ter medo. Vocês precisam acreditar em mim".

Os amigos de Jesus ficaram maravilhados. "Até o vento e as ondas obedecem a Jesus", eles falavam uns para os outros. "Então quem ele é? Ele deve ser..."

60. Saiam dele!
Marcos 5:1-20

Jesus e seus amigos desembarcaram em uma praia. Lá eles encontraram um homem que estava em grande apuro. Alguns espíritos maus estavam deixando a vida dele muito infeliz. Ele se sentia muito confuso por dentro. Ele era maldoso com quem tentava o ajudar, rasgava suas roupas e tinha que morar longe das outras pessoas.

Quando esse homem viu Jesus, ele gritou: "O que você vai fazer, Jesus, Filho do Deus Poderoso? Não me machuque!"

Jesus não queria machucá-lo - ele queria ajudá-lo. Ele disse aos espíritos maus: "Saiam dele!"

Ele mandou os espíritos maus para alguns porcos que estavam em uma colina ali perto. Os porcos correram e pularam a caminho do lago.

O homem estava completamente mudado. Ele não estava mais confuso. "Vá e conte para todos o que aconteceu aqui e o que Deus fez por você", Jesus disse a ele.

E ele obedeceu!

61. Jesus ressuscita uma menina morta

Marcos 5:21-42

Jairo era um importante líder do povo de Deus. Ele tinha uma filha de 12 anos que estava muito, muito doente.

Então ele foi encontrar Jesus: "Minha filha está morrendo", Jairo disse a ele. "Por favor, venha comigo e coloque suas mãos nela, para que ela melhore e viva".

Jesus começou a caminhar para a casa de Jairo - mas enquanto eles estavam no meio do caminho, algumas pessoas trouxeram para Jairo uma notícia muito triste: "Sua filha morreu", disseram eles. "Não há nada que Jesus possa fazer agora".

"Não tenha medo", disse Jesus. "Apenas acredite em mim".

Quando Jesus chegou à casa de Jairo, muitas pessoas estavam lá. Todos estavam chorando porque a filha de Jairo estava morta.

"Por que vocês estão chorando?" Perguntou Jesus a eles. "A menina está apenas dormindo".

Todos riram dele. Eles sabiam que ela não estava apenas dormindo. Ela não estava respirando. Ela estava definitivamente morta.

Jesus levou Jairo e sua esposa para o quarto da menina. Ele pegou a mão da menina morta e disse a ela: "Menina, eu digo a você, levante-se!"

E ela se levantou! Jesus a ressuscitou da morte com a mesma facilidade com que seu pai conseguia acordá-la do sono. Seus pais ficaram completamente maravilhados.

62. Tesouro enterrado

Mateus 13:44-46

Jesus utilizava muitas histórias para explicar verdades sobre quem ele é e quão importante é viver como parte do seu Reino, com ele como Rei. Essas histórias eram chamadas de parábolas.

Uma vez, Jesus queria ajudar seus discípulos a entender que fazer parte do seu Reino é mais especial que qualquer outra coisa no mundo. Então ele contou a eles duas parábolas.

"Meu Reino é como um tesouro enterrado em um campo", disse Jesus. "Quando um homem encontrou o tesouro, ele vendeu tudo o que tinha para que pudesse comprar o campo e aproveitar o tesouro que estava enterrado ali. Ele estava tão feliz!"

"Meu Reino também é como alguém que procura por pérolas preciosas. Quando eles encontram uma que é realmente, realmente preciosa, eles vão e vendem tudo o que têm para poder comprá-la.

63. Jesus alimenta a multidão
João 6:2-40

Muitas e muitas pessoas tinham vindo para ouvir a Jesus. Elas estavam bem longe de qualquer cidade e estavam ficando com fome.

"Onde poderíamos comprar pão para que todas as pessoas possam comer?" Perguntou Jesus aos seus amigos.

"Eu teria que trabalhar metade de um ano para ganhar dinheiro suficiente para comprar esse tanto de pão!" respondeu Filipe.

Então André disse: "Eu encontrei um menino que tem cinco pães e dois peixes. Mas isso não será suficiente para alimentar todas essas pessoas - nem perto disso!"

Jesus disse a todos para se sentarem. Havia cinco mil homens, além de todas as mulheres e todas as crianças.

Jesus pegou os pães e os peixes e deu aos discípulos para que entregassem o alimento para todas as milhares de pessoas. E ele fez com que cinco pães e dois peixes fossem suficiente para todos. Mesmo quando todos estavam satisfeitos, ainda havia doze cestos cheios de pão.

No dia seguinte, o povo voltou para ver Jesus. Eles queriam mais comida!

"Vocês precisam de mais do que um pão normal como o que dei a vocês ontem", Disse Jesus. "Se vocês comerem o pão normal, terão vida hoje. Mas eu sou o pão da vida. Se vocês acreditarem em mim, eu darei a vocês uma vida com Deus para sempre".

64. Quem vocês dizem que Eu Sou?

Mateus 16:13-23

Certo dia, Jesus fez uma pergunta aos seus discípulos: "Quem as pessoas dizem que eu sou?"

"Algumas pessoas dizem que você é João Batista", eles responderam. "Mas algumas pensam que você é o mensageiro de Deus, Elias. E algumas pensam que você é um dos outros mensageiros de Deus de tempos antigos".

"E quanto a vocês?" Jesus perguntou aos seus amigos. "Quem vocês dizem que eu sou?"

"Você é o rei escolhido por Deus, o rei que cumpre as promessas - o rei que nós precisamos. Você é o Filho de Deus", respondeu Pedro.

Então Jesus começou a explicar o que ia acontecer com ele. "Muitas coisas dolorosas vão ser feitas comigo", disse ele. "Os líderes não vão gostar de mim. Eu serei morto. Mas então, três dias depois, eu irei ressuscitar".

Pedro não ficou feliz com o que Jesus falou: "Isso nunca deve acontecer com você!" disse ele.

Jesus realmente não ficou feliz com o que Pedro disse! "Você está errado", disse ele. "Você precisa parar de pensar nas suas ideias sobre mim e precisa começar a ouvir o plano especial de Deus para mim".

65. Jesus no Monte

Mateus 17:1-9; Marcos 9:2-10

Jesus levou seus amigos Pedro, Tiago e João para o monte para orar. Enquanto ele estava orando, a aparência de Jesus mudou muito - seu rosto brilhava como o sol e suas roupas ficaram brilhantes como um relâmpago.

Dois dos mensageiros de Deus de centenas de anos antes, Moisés e Elias, vieram do céu para conversar com ele.

Os discípulos ficaram muito assustados. Eles não sabiam o que dizer, nem o que fazer.

Então Deus falou de uma nuvem. "Este é meu filho", Deus disse. "Eu o amo e estou muito satisfeito com ele. Ouçam o que ele diz!"

Os discípulos ficaram tão assustados que caíram no chão. Jesus os ajudou a se levantar. "Não tenham medo", ele disse. Quando olharam em volta, a nuvem tinha desaparecido e não conseguiram mais ver Moisés e Elias.

Enquanto desciam o monte, Jesus pediu a seus amigos que não contassem a ninguém o que tinham visto até que ele ressuscitasse dos mortos. "Ressuscitar dos mortos?" eles disseram uns aos outros. "O que ele quis dizer?"

66. O Bom Samaritano
Lucas 10:25-37

Jesus contou uma história para ajudar as pessoas a entender como amar uns aos outros. Sua história era sobre três homens de Judá e um homem de Samaria. (As pessoas de Judá e Samaria não gostavam umas das outras).

"Havia um homem de Judá que estava caminhando ao longo de uma estrada", disse Jesus. "Alguns ladrões vieram, roubaram suas roupas e bateram nele tão forte que ele quase morreu".

"Um homem religioso de Judá veio pela estrada. Ele viu o homem que estava gravemente ferido - mas simplesmente passou por ele. Então, outro homem religioso de Judá veio pela estrada - mas ele também passou direto pelo homem que estava gravemente ferido".

"Então, um homem samaritano veio pela estrada. Ele viu o homem gravemente ferido de Judá. Ele parou... ele o ajudou... ele o levou até um lugar onde poderia cuidar dele... e então pagou alguém para continuar cuidando do homem".

Então, Jesus, perguntou: "Qual desses homens realmente estava amando os outros? Vão e sejam, gentis como ele. As pessoas que realmente amam a Deus, vão demonstrar isso amando verdadeiramente os outros".

67. Jesus ensina seus amigos a orar

Mateus 6:9-13; Lucas 11:1-13

Jesus estava orando. Quando ele terminou, um de seus discípulos pediu a ele: "Mestre, por favor, nos ensine a orar".

Jesus respondeu "Quando vocês orarem, digam:

'Pai Nosso que estás no céu,

O Senhor é o maior!

Por favor, faça crescer o seu reino.

Por favor, faça com que seus planos aconteçam na terra, assim como acontecem no céu.

Por favor, nos dê o que o Senhor sabe que precisamos hoje.

Por favor, nos perdoe por não amar corretamente ao Senhor e aos outros.

E nós vamos perdoar as pessoas que foram malvadas conosco.

Por favor, nos ajude a obedecer ao Senhor até quando sentirmos vontade de fazer o que é errado'".

Então Jesus disse: "Se uma criança pede ao seu pai um peixe para comer, ele nunca lhe daria uma cobra em vez disso! Os pais devem sempre dar coisas boas aos seus filhos. Bem, porque vocês vivem comigo como seu rei, Deus é o Pai de vocês nos céus. Ele é ainda melhor em dar bons presentes aos seus filhos do que os pais são na terra. Ele até vai dar para vocês o seu Espírito Santo".

68. O Bom Pastor
Lucas 15:3-7; João 10:1-15

Jesus contou uma história para mostrar quanto Deus ama seu povo:

"Um pastor tinha cem ovelhas. Mas uma delas se perdeu. Então o pastor deixou o resto de suas ovelhas e foi procurar a ovelha perdida.

Ele procurou e procurou até... a encontrar! Ele estava tão feliz!

Ele colocou a ovelha nos ombros e a levou para casa. Então o pastor chamou seus amigos e disse: 'Encontrei minha ovelha perdida! Venham e façam uma festa comigo!'

Às vezes, alguém que não tem amado a Deus ou tentado obedecer a Deus admite que tem vivido de maneira errada. Então eles começam a viver com Deus no comando e pedem para que Deus os perdoe. Sempre que alguém faz isso, Deus faz uma festa no céu.

Outra vez, Jesus disse a seus amigos: "Eu sou como um pastor e o meu povo é como meu rebanho de ovelhas. Minhas ovelhas ouvem a minha voz e me obedecem. Eu cuido das minhas ovelhas e as guio. Amo tanto as minhas ovelhas que até vou morrer para mantê-las em segurança. Eu sou o Bom Pastor".

69. A Vida depois desta
Lucas 16:19-31

Jesus contou uma história para mostrar que o que acontece depois que nós morremos é mais importante do que o que acontece enquanto vivemos.

"Uma vez, havia dois homens. Um deles era rico. Ele tinha roupas caras, comia sempre comida deliciosa e tinha tudo o que queria.

O outro homem se chamava Lázaro. Ele era pobre. Ele não tinha comida e nem casa. Lázaro ficava sentado do lado de fora da porta do homem rico, esperando que alguém desse para ele algo para comer.

Um dia, Lázaro morreu, e Deus o levou para viver com ele na vida depois desta.

Então, o homem rico morreu. Ele não tinha ouvido os mensageiros de Deus que falavam para ele amar, obedecer a Deus e pedir perdão - e por isso, não pôde estar onde Lázaro estava. Em vez disso, ele foi para um lugar onde não havia nada de bom. Ele foi preenchido com uma tristeza profunda.

O homem rico perguntou se Lázaro poderia ajudar. Mas existia um abismo muito grande entre eles, e ninguém conseguiria atravessar, nunca.

Então o homem rico perguntou se alguém poderia contar para seus irmãos sobre a vida depois desta", disse Jesus. "Mas eles já tinham pessoas para contar a eles sobre isso. Eles tinham os mensageiros de Deus a quem poderiam ouvir - especialmente o mensageiro que ressuscitaria dos mortos".

70. O Líder Religioso e o Cobrador de Impostos

Lucas 18:9-14

Algumas pessoas pensavam que eram realmente pessoas boas, e que Deus definitivamente iria querer viver com elas no seu Reino para sempre. Então Jesus contou a elas esta história:

"Dois homens foram ao templo para orar. Um deles era um líder religioso que levava as regras de Deus muito a sério. Todo mundo achava que ela uma pessoa muito boa.

Então, o líder religioso orou: 'Deus, obrigado por eu ser uma pessoa melhor do que pessoas, como este cobrador de impostos. Eu sou bom em te obedecer'.

O outro homem era um cobrador de impostos que tinha quebrado muitas leis de Deus. Todo mundo achava que ele era uma pessoa muito ruim.

O cobrador de impostos orou com tristeza: 'Deus, eu sei que não sou uma boa pessoa, eu não te obedeci. Por favor, me perdoe'.

O cobrador de impostos foi para casa como um amigo perdoado de Deus, mas o líder religioso não", disse Jesus.

"Algumas pessoas pensam que são boas o suficiente para serem amigas de Deus. Mas, um dia, elas vão descobrir que não são amigas de Deus de jeito nenhum. Algumas pessoas sabem que não são boas o suficiente e pedem perdão a Deus. Essas pessoas são amigas de Deus".

71. Jesus e as criancinhas

Marcos 10:13-16

Algumas crianças pequenas e seus pais foram ver Jesus. As crianças queriam ser amigas dele.

Mas os discípulos pararam eles. Eles disseram que elas estavam erradas em pensar que Jesus gostaria de passar um tempo com elas.

Quando Jesus viu isso, ele ficou muito triste com seus discípulos.

"Deixem as crianças virem até mim", disse ele para eles. "Meu reino pertence a pessoas como elas. Para fazer parte do meu reino, todos vocês precisam ser como uma criança pequena - todos vocês precisam vir e me pedir para que eu seja seu amigo e seu rei".

Então Jesus recebeu as criancinhas e elas vieram até ele e se sentaram junto com ele. Ele disse que era amigo delas e que elas poderiam gostar muito de viver sob os seus princípios e serem felizes em seu mundo.

72. Zaqueu recebe Jesus

Lucas 19:1-10

Zaqueu era um cobrador de impostos. Ele era muito rico porque pegava dinheiro das outras pessoas e ficava com uma parte para ele.

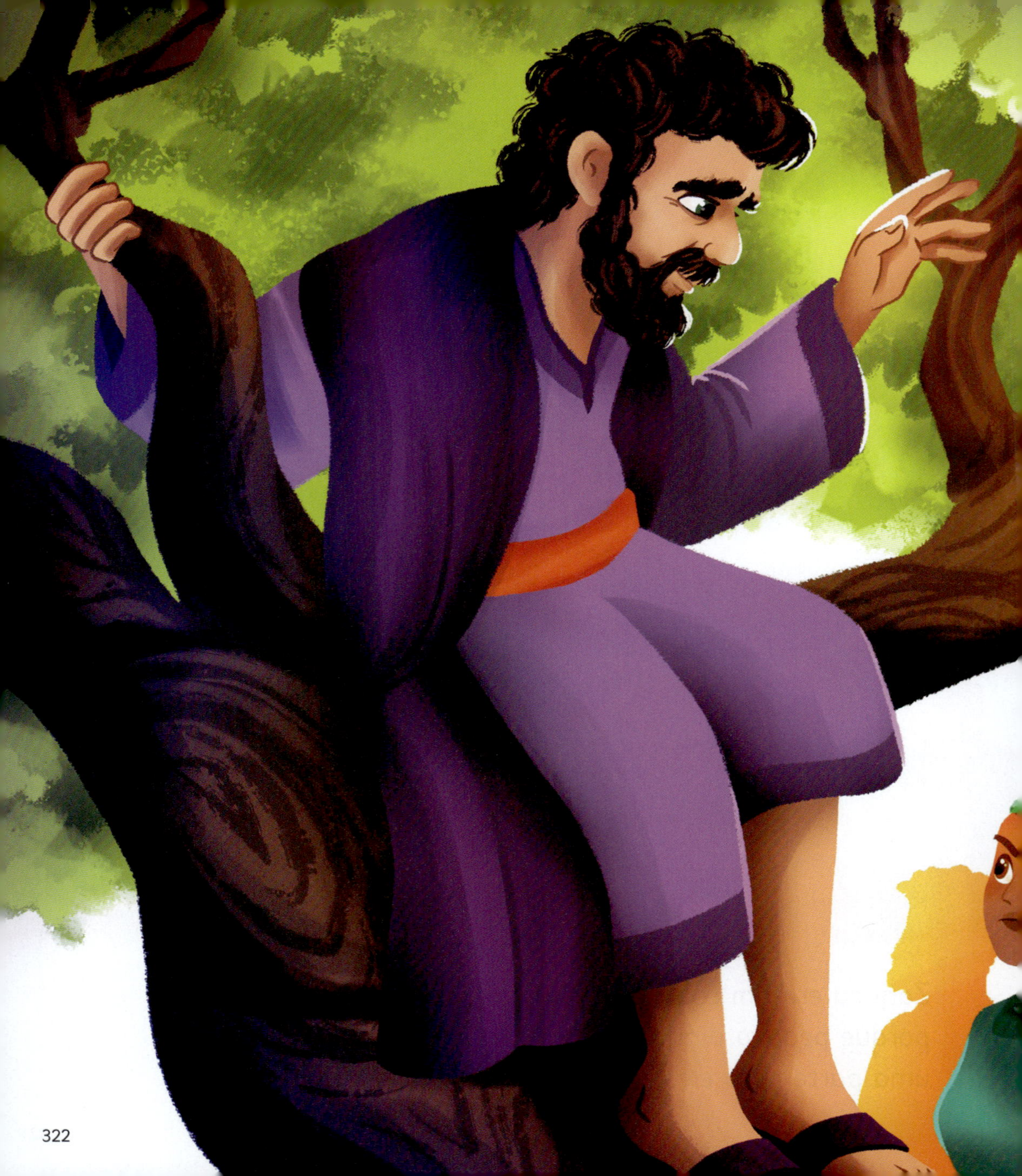

Um dia, Zaqueu ficou sabendo que Jesus estava em sua cidade. Ele queria ver Jesus – mas ele era um homem bem pequeno e não conseguia ver por cima das cabeças das pessoas. Então ele subiu em uma árvore para ter uma vista melhor.

Quando Jesus chegou perto da árvore que Zaqueu subiu, ele parou: "Zaqueu", disse ele, "Eu gostaria de ficar na sua casa hoje".

Zaqueu desceu apressadamente da árvore. Ele se sentia realmente feliz porque Jesus queria passar tempo com ele.

Todos os outros não ficaram muito felizes. "Por que Jesus está escolhendo passar tempo com um trapaceiro malvado em vez de pessoas boas?", eles resmungaram.

Mas Zaqueu tinha mudado. "Jesus, eu vou dar metade de todo o meu dinheiro para as pessoas que têm menos que eu", disse ele. "E vou devolver o que roubei, com bastante juros".

Jesus disse: "Hoje você foi salvo. Eu vim para encontrar e resgatar pessoas perdidas, como você".

73. O Rei no Jumentinho

Mateus 21:1-9; Lucas 19:28-40

Muitos e muitos anos antes de Jesus nascer, o mensageiro de Deus, Zacarias, tinha dito que, quando o Rei que ia cumprir as promessas de Deus viesse, ele entraria em Jerusalém em um jumentinho.

Jesus e seus amigos estavam perto de Jerusalém. Então ele enviou dois de seus discípulos para uma aldeia. "Vocês vão encontrar um jumentinho lá", ele disse a eles. "Desamarrem o jumentinho e tragam ele para mim".

Os discípulos encontraram o jumentinho exatamente como Jesus tinha dito, então Jesus foi montado até Jerusalém. Multidões de pessoas espalharam suas capas e galhos de árvore na estrada para Jesus passar.

"Viva! Este é o rei da família do grande Rei Davi! Este é o rei que Deus prometeu enviar!" Eles gritaram. "Este é o rei que vai trazer alegria, porque ele veio de Deus!"

No entanto, alguns líderes religiosos não ficaram felizes. "Diga para as pessoas pararem de falar essas coisas sobre você", eles resmungaram para Jesus.

Jesus disse: "Se as pessoas tiveram que ficar quietas, eu vou fazer com que as pedras da estrada gritem sobre quem eu sou". E ele partiu, montado em seu jumentinho, para Jerusalém.

74. Jesus no Templo

Mateus 21:12-16

Jesus foi até o templo. Ele ficou muito, muito descontente com o que viu lá, porque as pessoas estavam usando o templo como se fosse uma loja para ganhar dinheiro, em vez de usar como lugar para orar a Deus.

Então Jesus derrubou as mesas das pessoas que estavam vendendo coisas. "Deus disse que esse deveria ser um lugar onde as pessoas viriam de todo o mundo para orar", ele disse. "Mas vocês estão usando para roubar dinheiro dos outros".

Os líderes religiosos ficaram furiosos. Eles queriam se livrar de Jesus. Então eles ouviram algumas crianças gritando: "Jesus é o rei da família do grande rei Davi. Viva! ", E agora eles estavam mais furiosos ainda.

"Você ouviu o que aquelas crianças falaram, Jesus?" eles reclamaram. "Elas estão dizendo que você é o rei que vai cumprir as promessas de Deus".

"Sim, elas estão", respondeu Jesus. "Deus gosta de ouvir grandes verdades saindo de pequenas bocas".

75. Uma Nova Refeição Especial

Mateus 26:26-29; Lucas 22:37; João 14:6

Era um dos dias mais especiais do ano - o dia para lembrar de como, muito tempo atrás, Deus tinha resgatado os Israelitas do Egito e feito uma promessa inquebrável de amar as pessoas como seu povo. Jesus e seus amigos compartilhavam a refeição especial como lembrança.

Jesus sabia que logo ele ia morrer em uma cruz. Ele queria que seus amigos pudessem entender porque ele deixaria isso acontecer. Então ele pegou um pedaço de pão e partiu em pedaços: "Sempre que vocês comerem pão juntos, gostaria que se lembrassem que o meu corpo foi partido para resgatar vocês", disse Jesus.

Então Jesus pegou uma taça de vinho. "Sempre que vocês beberem vinho juntos, lembrem-se que eu derramei meu sangue na cruz para que vocês possam ser perdoados", disse ele. "Estou fazendo uma nova promessa inquebrável a vocês. Vocês sempre serão o povo perdoado de Deus".

"Chegou a hora de cumprir todas as promessas que Deus fez", Jesus disse aos seus discípulos. "É hora de eu receber o castigo que vocês merecem por não amarem e nem obedecerem a Deus".

"Eu sou o caminho para o lugar de Deus".

"Eu falo a verdade sobre o lugar de Deus".

"Eu dou a vida para as pessoas no lugar de Deus".

76. Orando em um Jardim
Lucas 22:39-46; Marcos 14:32-41

Jesus e seus amigos foram orar em um jardim. Já estava bem tarde e todos estavam realmente cansados.

Jesus estava se sentindo muito, muito triste. Ele sabia que logo seria a hora de morrer e sabia que seria muito, muito difícil. Então ele falou com seu Pai:

"Querido Pai, o Senhor pode fazer qualquer coisa. Eu gostaria que o Senhor tirasse as coisas horríveis que vão acontecer comigo. Mas, acima de tudo, eu gostaria de fazer o que o Senhor quer que eu faça".

Os discípulos estavam tão cansados, que, em vez de ajudar Jesus em oração, eles dormiram enquanto Jesus orava. Mas Deus enviou um anjo para ajudar Jesus e dar forças a ele.

Jesus acordou seus amigos: "Chegou a hora", disse ele. "As promessas de Deus estão se cumprindo agora".

77. O Rei e o Ladrão

Mateus 26:47-66;
Lucas 23:35-43

Jesus estava no jardim com seus amigos. Os líderes religiosos vieram com soldados para levar Jesus.

"Nos diga a verdade", eles exigiam. "Você é realmente o Rei escolhido por Deus? Você é realmente o Filho de Deus?"

"Sim", respondeu Jesus. "E um dia, vocês me verão sentado em um trono, governando tudo para sempre".

"Nós não acreditamos em você!" falaram os líderes religiosos. "Está na hora de nos livrarmos de você!"

Eles levaram Jesus para fora da cidade e o colocaram em uma cruz. "Você não parece um rei que salva agora!" eles gritaram.

Um ladrão foi colocado em uma cruz ao lado de Jesus. Ele disse:

"Jesus, eu sei que eu mereço ser punido por tudo que eu fiz de errado".

"Jesus, eu sei que você não merece ser punido, porque você nunca fez nada de errado".

"Jesus, eu sei que você é o Rei. Por favor, será que eu poderia ter um lugar no seu reino, na vida depois desta?"

Jesus respondeu: "Eu prometo que hoje, depois que nós morrermos, você estará comigo no meu lugar maravilhoso".

Então Jesus morreu. Um soldado que estava observando disse: "Este homem era realmente o Filho de Deus!"

78. Jesus está Vivo!

Mateus 27:60 - 28:10;
Lucas 24:1-9

Jesus morreu em uma sexta-feira. Seus amigos colocaram seu corpo em um túmulo, e colocaram uma pedra enorme e pesada na entrada. Eles estavam muito tristes - mais tristes do que nunca haviam se sentido antes.

No sábado, todos descansaram. No domingo, algumas amigas de Jesus, chamadas Maria, Maria e Salomé, foram até o túmulo dele...

Jesus não estava lá!

De repente, dois anjos apareceram. As mulheres ficaram assustadas!

"Não tenham medo", os anjos disseram. "Jesus não está aqui porque Jesus está vivo! Ele prometeu a vocês que seria morto e depois ressuscitaria. E ele cumpriu sua promessa!"

As mulheres ainda estavam um pouco assustadas, mas agora, estavam especialmente cheias de alegria. Então, de repente, o próprio Jesus aparece diante delas. "Olá!", Ele cumprimentou as mulheres. "Vão e contem aos meus amigos que em breve eles vão me ver!"

79. O Estranho Desconhecido
Lucas 24:13-35

Era domingo à tarde, e dois amigos de Jesus estavam caminhando de Jerusalém até uma aldeia, chamada Emaús. Eles estavam cheios de tristeza porque tinham pensado que Jesus era o rei que ia cumprir as promessas de Deus - mas ele tinha morrido.

Enquanto caminhavam, um estranho apareceu e começou a caminhar com eles. Os amigos de Jesus contaram a ele o porquê estavam tão tristes.

"Vocês parecem não acreditar no que os mensageiros de Deus prometeram", disse aquele estranho homem desconhecido. "Centenas de anos atrás, os mensageiros de Deus disseram que o Rei que ia cumprir as promessas de Deus ia morrer. Mas lembrem que esses mensageiros também falaram que depois que ele morresse, o Rei de Deus ia reinar para sempre".

Quando chegaram a Emaús, já era tarde, então os amigos de Jesus convidaram o estranho para comer com eles. Ele pegou um pedaço de pão e partiu em pedaços... E naquele exato momento Deus permitiu que os homens vissem que aquele estranho homem desconhecido não era estranho de jeito nenhum! Era Jesus!

Jesus desapareceu. Então os homens correram de volta até Jerusalém para contar aos outros amigos de Jesus que ele estava vivo. Enquanto conversavam, Jesus apareceu novamente e comeu alguns peixes. "Eu estou cumprindo todas as promessas de Deus", contou Jesus.

80. Tomé muda de ideia

João 20:24-29

Tomé era um dos amigos de Jesus, mas ele não estava lá quando os outros discípulos viram a Jesus.

"Vimos o Rei Jesus vivo!" Todos os outros disseram a Tomé.

"Eu não acredito", respondeu Tomé. "Jesus morreu na cruz. A menos que eu o veja e o toque, não vou acreditar que Jesus está vivo".

Durante uma semana inteira, Tomé continuou não acreditando que Jesus estava vivo.

Então, os discípulos todos estavam reunidos em uma casa com as portas trancadas, de repente, Jesus estava lá!

Jesus disse para Tomé: "Olhe para as minhas mãos, que foram pregadas na cruz. Toque em mim. Acredite que eu estou vivo".

Tomé respondeu: "O Senhor é o meu Rei e o meu Deus".

Jesus disse: "Tomé, porque você me viu, você acredita que eu estou vivo. Agora você é abençoado - você pode viver sob os meus princípios e ser feliz comigo no meu mundo".

"Muitas outras pessoas que não conseguiram me ver também vão acreditar que estou vivo. Então elas também poderão desfrutar de viver sob os meus princípios e serem felizes no meu mundo".

81. Jesus vai para o céu

Lucas 24:46-49; Atos 1:4-11

Já estava na hora de Jesus voltar ao céu para estar com o seu Pai.

"Eu vou dar um presente a vocês", ele disse aos seus amigos. "Vou derramar o Espírito Santo em todos vocês".

"E estou dando uma missão para vocês", continuou Jesus. "Quero que vocês digam a todas as pessoas a verdade sobre quem eu sou e que qualquer um pode ser perdoado e pode viver comigo como seu rei".

"Quero que vocês contem sobre mim para as pessoas dessa cidade, depois para as pessoas desse país, depois para as pessoas dos países próximos e depois, para as pessoas de todo o mundo!"

"Vocês vão precisar de ajuda para essa missão - o Espírito Santo vai dar tudo o que vocês precisam".

Então Jesus deixou seus amigos e foi para o céu. Ele desapareceu atrás de uma nuvem e eles não puderam mais ver a Jesus.

De repente, dois anjos apareceram ao lado deles. "Hoje, Jesus voltou para o céu", disseram eles. "Um dia ele vai voltar para a terra".

82. O Espírito Santo Chega

Atos 2:1-41

Os amigos de Jesus estavam reunidos em uma casa em Jerusalém quando eles ouviram um som como o de um vento bem forte. Então, eles viram um fogo que não estava queimando nada. O fogo se dividiu em chamas menores e foi derramado em cada um deles. Era o Espírito Santo de Deus!

Imediatamente todos os discípulos puderam falar em línguas diferentes.

Naquele dia, acontecia um festival chamado Pentecostes. Pessoas de todas as partes do mundo estavam lá. Eles ouviram os discípulos falando sobre Deus e ouviam nas suas próprias línguas.

"O que está acontecendo?" eles perguntaram.

Pedro disse para eles: "Há muito tempo, Deus enviou um mensageiro chamado Joel para prometer que Deus, um dia, ia derramar seu Espírito sobre todo seu povo. Vocês acabaram de ver essa promessa se cumprir".

Então Pedro falou sobre Jesus para as pessoas: "Jesus fez muitas coisas maravilhosas. O plano de Deus era que ele morresse e depois ressuscitasse dos mortos - e assim, aconteceu. Nós vimos isso! Jesus é o rei que cumpre todas as promessas de Deus. Vocês precisam viver com ele como seu Rei e pedir que ele os perdoe - então ele vai derramar seu Espírito em vocês também".

Qualquer pessoa que quisesse começar a viver com Jesus como seu Rei, foi batizada. Naquele dia, três mil pessoas se tornaram amigas de Jesus.

83. A Primeira Igreja

Atos 2:42-47

Os amigos de Jesus amavam ouvir os ensinamentos dos discípulos sobre Jesus. Eles amavam quando se encontravam. Eles amavam comer pão juntos, e lembrar que o corpo de Jesus foi partido na cruz para que eles fossem resgatados. Eles amavam orar juntos.

Como os amigos de Jesus se amavam, eles compartilhavam as suas coisas para que todos tivessem o suficiente. Eles vendiam algumas das suas coisas para poder dar dinheiro para as pessoas que não tinham nada.

Todos os dias eles se reuniam perto do templo em Jerusalém e cantavam louvores a Jesus. O Espírito Santo deu aos discípulos poder para fazer coisas incríveis.

Todos em Jerusalém ouviram sobre o que estava acontecendo. As reuniões ficavam cada vez maiores à medida que mais e mais pessoas decidiam que queriam viver com Jesus como seu rei também.

84. Filipe e o Etíope
Atos 8:26-40

Filipe era um dos amigos de Jesus. Ele teve que sair de Jerusalém porque os líderes religiosos de lá não gostavam que as pessoas falassem que Jesus era o Rei.

Um dia, um anjo disse a Filipe para caminhar por uma estrada específica – e ele fez isso. Lá ele viu uma carruagem. O homem que estava nela era uma pessoa muito importante de um país distante, chamado Etiópia. Ele estava lendo as palavras do mensageiro de Deus, Isaías, falando sobre alguém que morreria como um cordeiro, mesmo ser merecer ser punido.

O Espírito Santo de Deus disse a Filipe para ir falar com o etíope - e ele obedeceu.

"Você entende o que está lendo?" Filipe perguntou.

"Não", disse o homem. "Estou bem confuso sobre quem Isaías está falando aqui. Você sabe sobre isso?"

Filipe sabia! Ele disse ao etíope que Isaías estava falando sobre Jesus. Explicou que Jesus era o Rei que veio cumprir as promessas de Deus, e que tinha morrido para resgatar o seu povo.

O etíope queria viver com Jesus como seu rei. Ele pediu a Filipe que o batizasse, para mostrar que ele era parte do povo de Deus. Então, o etíope voltou para casa. Agora ele não estava mais confuso – agora ele estava cheio de alegria.

85. O Caminho para Damasco

Atos 9:1-20; 26:12-18

Em Jerusalém vivia um homem chamado Paulo que REALMENTE não gostava de Jesus e seus amigos. Ele queria impedir que alguém falasse de Jesus.

Certo dia, Paulo estava a caminho da cidade de Damasco. Seu plano era colocar todos os amigos de Jesus na prisão.

Mas enquanto Paulo caminhava pela estrada, de repente uma luz mais brilhante que o sol brilhou em volta dele. Ele caiu no chão. E uma voz falou: "Paulo, Paulo, por que está tentando me prejudicar machucando meus amigos?"

"Quem é você?" Disse Paulo.

"Eu sou Jesus", respondeu a voz. "Eu escolhi você para ir e contar para as pessoas de todo o mundo sobre mim. Agora levante-se, vá para Damasco e espere".

Quando Paulo se levantou, ele não conseguia enxergar. Ele foi para Damasco e esperou.

Em Damasco vivia um amigo de Jesus chamado Ananias. Jesus falou com ele em uma visão: "Vá e encontre Paulo. Coloque sua mão sobre ele e eu farei com que ele veja novamente".

Ananias ficou muito surpreso, mas obedeceu a Jesus. Os olhos de Paulo voltaram a funcionar e ele foi batizado. Então o homem que queria impedir qualquer pessoa de falar sobre Jesus, agora começou a falar com todos sobre Jesus!

86. Aquele que cumpre as promessas de Deus

Atos 13:13 - 14:1

Paulo e seu amigo Barnabé foram até a cidade de Antioquia para contar a todas as pessoas sobre Jesus.

"Há muito, muito tempo, Deus prometeu a Abraão uma família enorme", eles disseram. "Deus prometeu que daria uma terra para a família de Abraão viver e prometeu usar a família de Abraão para abençoar todas as pessoas do mundo".

"Ele prometeu nos dar um Rei que ia resgatar seu povo. Então Deus fez muitas e muitas promessas ao longo dos anos".

"Nós estamos aqui para falar sobre Jesus. Ele é o salvador que Deus prometeu que ia enviar. Ele morreu, mas depois, ressuscitou. Ele é aquele que cumpre as promessas inquebráveis de Deus".

Algumas pessoas acreditaram na mensagem deles e assim, o número de pessoas vivendo com Jesus como rei cresceu cada vez mais. Mas ao mesmo tempo, algumas pessoas não gostaram nada da mensagem deles, e ficaram cada vez mais e mais irritadas. Elas fizeram Paulo e Barnabé saírem de Antioquia - então eles foram para a cidade vizinha de Icônio e contaram sobre Jesus para as pessoas de lá em vez disso!

87. Os Amigos de Jesus em Filipos
Atos 16:11-34

Em Filipos, uma cidade da Grécia, Paulo e seu amigo Silas conheceram uma mulher chamada Lídia. Quando Paulo contou a ela a sua mensagem, Deus a fez capaz de acreditar em Jesus. "Por favor, fiquem na minha casa enquanto estiverem aqui", disse ela.

Em seguida, Paulo e Silas estavam caminhando pela estrada, quando viram uma menina que era escrava. Um espírito maligno fez sua vida dar muito errado. Paulo Disse para o espírito maligno: "Eu estou falando com você no poder do Rei Jesus. Saia dela!"

E o espírito saiu.

Os homens que estavam fazendo a menina trabalhar para eles ficaram furiosos com que tinha acontecido e colocaram Paulo e Silas na prisão. Mas, no meio da noite, enquanto Paulo e Silas cantavam louvores sobre Jesus, houve um terremoto e todas as portas da prisão se abriram.

O guarda da prisão sabia que precisava ouvir a mensagem de Paulo e Silas. "O que eu preciso fazer para ser resgatado por Deus?" ele perguntou.

"Acredite em Jesus como seu rei e você será resgatado", disseram Paulo e Silas.

Então ele acreditou, e toda a sua família também. Eles foram batizados, comeram com Paulo e Silas e foram cheios de alegria.

88. Paulo em Jerusalém e Roma

Atos 21 - 28

Quando os amigos de Jesus falavam aos outros sobre ele, algumas pessoas ficavam realmente felizes e se tornavam amigas de Jesus também. Mas algumas pessoas ficavam realmente irritadas e tentavam calar os amigos de Jesus.

Certa vez, quando Paulo estava em Jerusalém falando sobre Jesus, os soldados o colocaram na prisão. Paulo precisou ir até a pessoa mais poderosa do país - o governador romano. Ele poderia decidir se Paulo continuaria preso ou seria solto - ou até mesmo se ele morreria. Paulo falou ao governador sobre Jesus.

Depois de algum tempo, um novo governador estava no poder, então Paulo também contou sobre Jesus a ele. Este novo governador pediu que um rei que morava ali perto fizesse algumas perguntas para Paulo. Então Paulo falou sobre Jesus para ele também.

Por fim, Paulo foi colocado em um barco para ser levado a Roma ver o imperador. Roma era a cidade mais importante do mundo. No barco, Paulo contou sobre Jesus para os marinheiros.

Quando Paulo chegou a Roma, ele foi colocado em uma casa e não podia sair de lá. Então ele convidava muitas pessoas para irem visitá-lo e.... ele falou sobre Jesus para elas também!

(Não sabemos o que aconteceu quando Paulo finalmente falou com o imperador, mas você provavelmente pode imaginar).

89. As Cartas de Paulo

Quando as pessoas decidiam viver com Jesus como seu rei, elas começavam a se reunir. Esses grupos eram chamados de igreja.

Paulo escreveu muitas cartas para essas igrejas. As cartas lembravam o povo de quanto Jesus os amava e ensinava como as pessoas deveriam obedecer a Jesus. Paulo respondia às perguntas das pessoas e ajudava com qualquer problema que eles tivessem.

Duas das cartas de Paulo foram para a igreja em Corinto. Uma das coisas que Paulo explicou a eles é que a igreja é como um corpo. Assim como um corpo precisa que os olhos, dedos das mãos e dedos dos pés trabalhem juntos, uma igreja precisa que todos que fazem parte dela trabalhem juntos e cuidem uns dos outros.

Outra das cartas de Paulo foi para a igreja na Galácia. Ele os lembrou que só precisavam fazer uma coisa para poderem estar com Deus na vida depois desta. E essa coisa, ele disse para eles, não era ser realmente bom em obedecer a Jesus - era acreditar que eles foram perdoados por Jesus.

Paulo também escreveu cartas para seus amigos, como Timóteo, Tito e Filemon. Ele os encorajou a continuar amando as suas igrejas e contando para as outras pessoas sobre o Rei Jesus.

90. Mais Cartas

Assim como Paulo escreveu cartas para as igrejas, alguns dos outros amigos de Jesus também escreveram.

Um deles escreveu a carta aos Hebreus. Sua mensagem principal era "Jesus é o melhor! E, acreditar nas promessas de Deus é fantástico".

Tiago era irmão de Jesus. Ele escreveu uma carta para algumas igrejas para dizer a elas que: "Nós mostramos que somos amigos de Jesus quando tentamos obedecer ao que Ele diz. Mas quando não obedecemos, precisamos lembrar que Deus é sempre bondoso com as pessoas que estão arrependidas".

O discípulo de Jesus, Pedro, escreveu duas cartas, e outro homem chamado Judas também escreveu uma carta. A mensagem deles era: "Quando a vida for difícil, continue acreditando nas verdades sobre Jesus, independente do que as outras pessoas falem. Sermos amigos de Jesus significa que sempre teremos muitos motivos para sermos felizes".

O discípulo de Jesus, João, escreveu três cartas para as igrejas. A mensagem principal dele era: "Se Jesus é seu Rei, então Deus realmente, realmente, realmente, realmente, realmente ama muito vocês, porque vocês são filhos dele".

91. Como é o céu

Apocalipse 1:9-19; 5:1-14; 7:9-17

Quando o amigo de Jesus, João, estava muito velho, o Rei Jesus mostrou a ele como era o céu. Os cabelos de Jesus eram brancos como a neve, os olhos eram brilhantes como o fogo. Seus pés eram como o bronze reluzente e seu rosto brilhava como o sol.

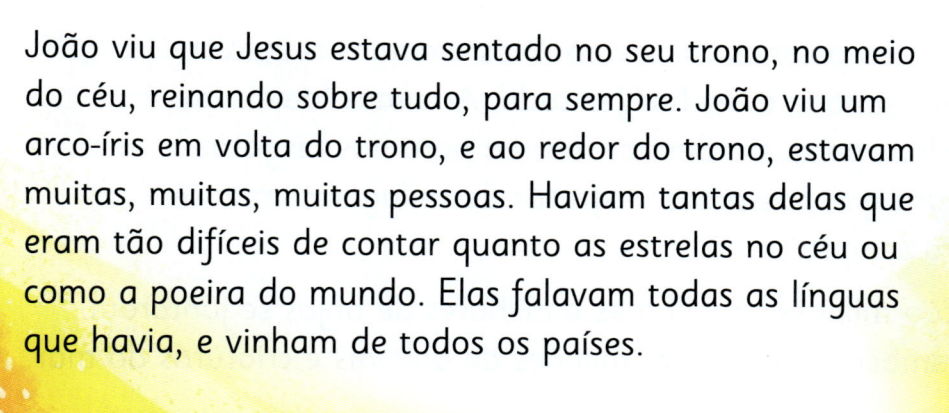

João viu que Jesus estava sentado no seu trono, no meio do céu, reinando sobre tudo, para sempre. João viu um arco-íris em volta do trono, e ao redor do trono, estavam muitas, muitas, muitas pessoas. Haviam tantas delas que eram tão difíceis de contar quanto as estrelas no céu ou como a poeira do mundo. Elas falavam todas as línguas que havia, e vinham de todos os países.

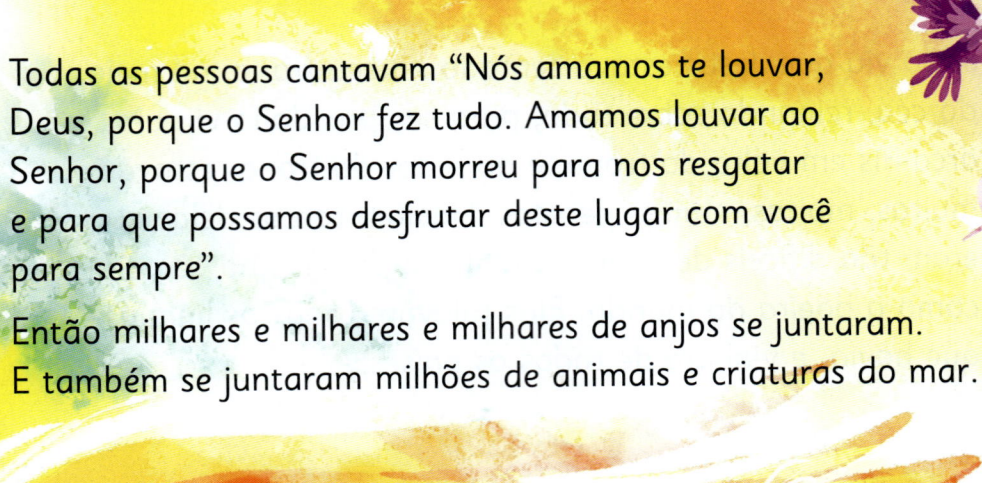

Todas as pessoas cantavam "Nós amamos te louvar, Deus, porque o Senhor fez tudo. Amamos louvar ao Senhor, porque o Senhor morreu para nos resgatar e para que possamos desfrutar deste lugar com você para sempre".

Então milhares e milhares e milhares de anjos se juntaram. E também se juntaram milhões de animais e criaturas do mar.

"Conte a todos os meus amigos o que você viu", disse Jesus a João. "Eu sei que muitas vezes é difícil viver comigo como Rei. Diga a todos que um dia eles vão estar comigo na vida depois desta".

92. Eu estou chegando em breve

Apocalipse 20:2, 10; 21 - 22

Jesus também mostrou a João o que vai acontecer no futuro, em um dia que ainda não chegou.

João viu uma serpente. Essa serpente era o diabo. Ele viu Jesus se livrando do diabo para que ele nunca mais fizesse nada de errado.

João viu Jesus voltando para terra e consertando tudo novamente. Todas as pessoas que amavam Jesus como seu Rei estavam vivendo com ele lá. João viu que ninguém ficava triste mais e ninguém precisava mais chorar.

João viu que o mundo parecia um pouco como a cidade de Jerusalém e um pouco como o jardim que Deus tinha feito no princípio. Ele viu o trono de Deus e a árvore especial de Deus, que as pessoas podiam comer para permanecerem vivas. Todos podiam comer o fruto dela e nunca morrer.

Tudo estava perfeito e todos estavam perfeitos. Todos desfrutavam de viver debaixo dos princípios de Jesus e todos estavam muito felizes no mundo perfeito de Jesus. Todas as promessas de Deus tinham se cumprido.

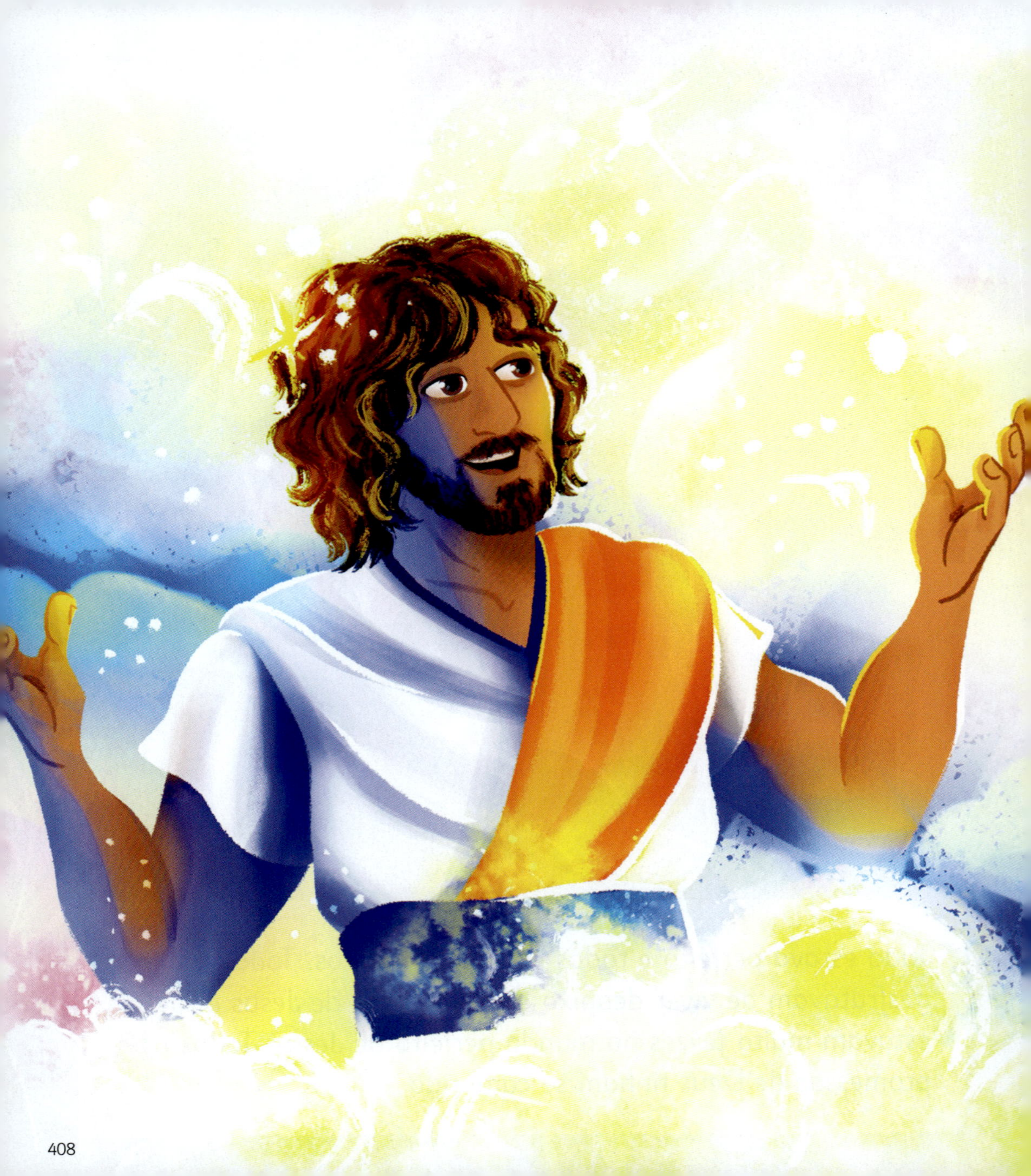

"Conte a todos os meus amigos que eu prometo que todas essas coisas, definitivamente, vão acontecer", disse Jesus a João. "Eu estou chegando em breve".

E AGORA?

A Bíblia é **UMA GRANDE HISTÓRIA VERDADEIRA** - e você também pode fazer parte dessa história! Porque Deus enviou seu Filho Jesus para cumprir todas as suas promessas, qualquer pessoa que se tornar amiga de Jesus pode desfrutar da vida com ele para sempre em seu mundo perfeito, na vida depois desta, mas também aqui e agora.

Quando Jesus viveu nesse mundo, ele disse para as pessoas: "Porque eu cheguei, as pessoas podem fazer parte do reino de Deus. Vocês só precisam me amar, me obedecer como seu Rei e acreditar que eu cumpro todas as promessas de Deus" (Marcos 1:15 parafraseado pelo autor).

Você poderia falar com ele agora? Se quiser, faça essa oração comigo:

"Jesus, o Senhor é o Rei que cumpre todas as promessas de Deus. Eu te amo. Eu quero te obedecer. Por favor, me dê um lugar no seu Reino na vida depois desta".

E você sabe o que Jesus responde para quem fala isso para ele? A mesma coisa que ele disse para o ladrão que estava na cruz ao lado da dele, quando ele morreu, antes de ressuscitar:

"Prometo que você estará comigo no meu lugar maravilhoso" (Lucas 23:43, parafraseado pelo autor).

E, como vimos, Deus sempre cumpre todas as suas promessas!

ÍNDICE DAS PROMESSAS

Deus RESGATA seu povo

	Página
2 - No Jardim	21
3 - A Serpente e a Árvore	25
4 - Fora do Jardim	29
5 - Noé constrói uma Arca	33
6 - O Primeiro Arco-Íris	39
8 - A Promessa de Deus para Abrão	46
9 - Estrelas no céu	50
16 - Um Bebê no Rio	81
17- Moisés e a Sarça Ardente	85
19 - O Resgate do Egito	94
20 - Um caminho pelo Mar	98
30 - Sansão salva dos Israelitas	138
35 - Davi e Golias	161
40 - Um Rei está vindo	184
42 - Fora da terra	196
45 - De volta para a Terra	211
47 - O Anjo fala com José	220
49 - Jesus Nasceu	227
58 - A pergunta de João Batista	264
64 - Quem vocês dizem que Eu Sou?	289
68 - O Bom Pastor	305
75 - Uma nova refeição especial	334
77 - O Rei e o Ladrão	341
78 - Jesus está vivo!	346
79 - O Estranho Desconhecido	350
84 - Filipe e o Etíope	368
87 - Os amigos de Jesus em Filipos	381
91 - Como é o Céu	400
92 - Eu estou chegando em breve	404

A promessa do POVO de Deus

2 - No Jardim	21
8 - A Promessa de Deus para Abrão	46
9 - Estrelas no céu	50
10 - Um Bebê, finalmente	53
11 - A trapaça de Jacó	58
12 - O Sonho especial de Jacó	63
13 - José em apuros	67
14 - José e o Rei do Egito	72
15 - José encontra seus irmãos	77
19 - O Resgate do Egito	94
21 - Mandamentos de Deus	103
28 - José diz adeus	131
40 - Um rei está vindo	184
45 - De volta para a Terra	211
49 - Jesus Nasceu	227
55 - Jesus Escolhe Seus Amigos	251
58 - A pergunta de João batista	264
75 - Uma nova refeição especial	334
77 - O Rei e o Ladrão	341
78 - Jesus está vivo!	346
79 - O Estranho Desconhecido	350
80 - Tomé muda de ideia	354
81 - Jesus vai para o Céu	358
82 - O Espirito Santo chega	361
83 - A Primeira Igreja	365
87 - Os amigos de Jesus em Filipos	381
88 - Paulo em Jerusalém e Roma	386
89 - As Cartas de Paulo	391
91 - Como é o Céu	400
92 - Eu estou chegando em breve	404

A promessa da TERRA

2 - No Jardim	21
8 - A Promessa de Deus para Abrão	46
9 - Estrelas do Céu	50
11 - A trapaça de Jacó	58
12 - O Sonho especial de Jacó	63
13 - José em apuros	67
14 - José e o Rei do Egito	72
15 - José encontra seus irmãos	77
17 - Moisés e a Sarça Ardente	85
19 - O Resgate do Egito	94
21 - Mandamentos de Deus	103
24 - Josué, Calebe e os Espias	115
25 - Moisés vê a Terra	119
26 - Raabe e os Espias	122
28 - Josué diz adeus	131
40 - Um Rei está vindo	184
42 - Fora da terra	196
45 - De volta para a Terra	211
49 - Jesus Nasceu	227
58 - A pergunta de João Batista	264
62 - Tesouro enterrado	282
75 - Uma nova refeição especial	334
77 - O Rei e o Ladrão	341
78 - Jesus está vivo!	346
81 - Jesus vai para o Céu	358
86 - Aquele que Cumpre as Promessas de Deus	377
91 - Como é o Céu	400
92 - Eu estou chegando em breve	404

Deus promete ALEGRIA para os seus

2 - No Jardim 21
3 - A Serpente e a Árvore 25
5 - Noé constrói uma Arca 33
6 - O Primeiro Arco-íris 39
8 - A Promessa de Deus para Abrão 46
11 - A trapaça de Jacó 58
12 - O Sonho especial de Jacó 63
28 - Josué diz adeus 131
40 - Um Rei está vindo 184
42 - Fora da Terra 196
45 - De volta para a Terra 211
46 - Um Anjo visita Maria 217
48 - Canção de Agradecimento de Maria 224
49 - Jesus nasceu 227
50 - Simeão e Ana conhecem Jesus 233
57 - Chegam os Sábios 236
58 - A pergunta de João Batista 264
64 - Quem vocês dizem que Eu Sou? 289
71 - Jesus e as Criancinhas 317
75 - Uma nova refeição especial 334
77 - O Rei e o Ladrão 341
78 - Jesus está vivo! 346
79 - O Estranho Desconhecido 350
80 - Tomé muda de ideia 354
81 - Jesus vai para o Céu 358
82 - O Espírito Santo chega 361
85 - O caminho para Damasco 373
86 - Aquele que Cumpre as Promessas de Deus 377
91 - Como é o Céu 400
92 - Eu estou chegando em breve 404

A promessa de um REINADO para o povo

8 - A Promessa de Deus para Abrão.. 46
9 - Estrelas no céu.. 50
10 - Um Bebê, finalmente.. 53
33 - Nós queremos um Rei!... 153
34 - Deus escolhe um Rei 157
35 - Davi e Golias 161
36 - Um Rei para sempre 167
37 - Rei Salomão 171
38 - As coisas dão muito errado 175
40 - Um Rei está vindo.. 184
42 - Fora da terra 196
45 - De volta para a Terra... 211
46 - Um Anjo visita Maria... 217
49 - O Anjo fala com José... 220
51 - Chegam os Sábios.. 236
58 - A pergunta de João Batista... 264
62 - Tesouro enterrado 282
64 - Quem vocês dizem que Eu Sou?.. 289
65 - Jesus no Monte 293
73 - O Rei no Jumentinho 326
75 - Uma nova refeição especial... 334
77 - O Rei e o Ladrão.. 341
78 - Jesus está vivo!.. 346
79 - O Estranho Desconhecido.. 350
81 - Jesus vai para o Céu... 358
82 - O Espírito Santo chega 361
84 - Filipe e o Etíope 368
87 - Os amigos de Jesus em Filipos.. 381
91 - Como é o Céu 400
92 - Eu estou chegando em breve.. 404

A GRANDE HISTÓRIA DAS PROMESSAS EM 20 CAPÍTULOS

1 - No Início 16
3 - A Serpente e a Árvore.. 25
4 - Fora do Jardim.. 29
8 - A Promessa de Deus para Abrão....................... 46
17 - Moisés e a Sarça Ardente................................ 85
19 - O Resgate do Egito... 94
21 - Mandamentos de Deus................................... 103
28 - Josué diz adeus.. 131
36 - Um Rei para sempre....................................... 167
40 - Um Rei está vindo.. 184
49 - Jesus Nasceu... 227
61 - Jesus ressuscita uma menina morta 277
64 - Quem vocês dizem que Eu Sou?..................... 289
77 - O Rei e o Ladrão... 341
78 - Jesus está vivo!.. 346
81 - Jesus vai apra o Céu...................................... 358
82 - O Espírito Santo chega................................... 361
83 - A Primeira Igreja... 365
91 - Como é o Céu 400
92 - Eu estou chegando em breve 404